U0566846

慈善事业与社会救助的衔接模式及推进策略研究

————乜 琪◎著————

CISHAN SHIYE YU SHEHUI JIUZHU

DE XIANJIE MOSHI JI TUIJIN CELÜE YANJIU

人民出版社

前 言

　　本书从促进慈善事业发展、完善社会救助制度的基本目标出发，以推进共同富裕作为时代背景，在明确慈善事业与社会救助关系的基础上，基于慈善事业参与救助的现状，总结梳理实践案例资料，对慈善救助与政府救助的衔接模式进行分类分析，总结衔接中存在的不足，同时参考国际相关做法，就如何推进慈善救助与政府救助之间的衔接提出政策建议。

　　当前，关于慈善事业与社会救助之间的关系定位表述，最早见于2004年党的十六届四中全会，"健全社会保险、社会救助、社会福利和慈善事业相衔接的社会保障体系"。此时，社会救助与慈善事业均作为社会保障体系的组成部分进行衔接。2007年党的十七大报告中，进一步明确了社会保障体系中社会救助的基础地位与慈善事业的补充地位，二者仍然同为社会保障体系的组成部分。直至2019年党的十九届四中全会，慈善事业除了作为社会保障体系的组成部分之外，还出现在分配方式部分，"重视发挥第三次分配作用，发展慈善等社会公益事业"。自此，2020年党的十九届五中全会，慈善事业作为第三次分配方式出现后，不再出现在有关社会保障体系的表述中。2022年党的二十大报告中，进一步明确了社会救助与慈善事业之间的关系：应该构建初次分配、再分配（社会救助）、第三次分配（慈善事业）协调配套的制度体系。

从 2004 年至今，在顶层设计中，关于社会救助的定位始终没有变化，均作为法定社会保障的组成部分；而对慈善事业的定位则是一个不断探索的过程。从作为社会保障体系的组成部分、再分配的手段，到作为第三次分配的慈善事业，其定位逐渐明晰。所以，慈善事业与社会救助之间的衔接，已经从社会保障体系内部不同项目之间的衔接，发展为以构建初次分配、再分配与第三次分配协调配套的制度体系为目标的衔接。要实现制度体系之间的协调配套，就离不开对衔接实践的考量与把握。本书正是从实践案例出发，运用访谈法、观察法等收集案例资料，为全书的分析提供基础。需要说明的是，慈善事业与社会救助均是较为抽象的概念，所含范围甚广，为便于操作并与实践案例相结合，在部分章节将慈善事业与社会救助分别界定为慈善救助与政府救助。基于此，本书的主要研究结论如下。

第一，慈善事业在我国的发展历程，一定程度上可以表述为参与救助的过程。新中国成立以来慈善事业参与救助的历程分为三个阶段，即参与萌芽阶段、系统参与阶段和制度化参与阶段。本书以数据资料与政策文献资料为基础，从组织规模、动员资源、覆盖领域、志愿服务参与救助情况、救助成效以及制度化建设等方面概括慈善事业参与救助的现状，其在各发展阶段均呈现不同的特征。对慈善事业参与救助的历史与现状进行回顾与描述，是分析衔接模式与提出推进策略的逻辑基础。

第二，提出慈善救助与政府救助衔接的四种模式。不同于现状部分的宏观描述，本书主要关注微观实践。应用马克斯·韦伯的"理想型"工具，以衔接意愿为分类标准，将收集到的衔接案例进行类型化划分，归为四种模式，即主动双向型衔接、政府主导型衔接、慈善主导型衔接、被动双向型衔接。每种模式以 2—3 个案例为例，以尽量覆盖不同地域、不同领域，较为全面地概括该种模式的特征，以及呈现出的衔接机制，并结合理论工具与分析框架，对四种模式进行比较分析，总结各种模式的利弊以及互相转化的可能性，进一步对各种模式所体现的衔接经验进行提炼。

第三，对慈善救助与政府救助衔接中存在的问题与根源进行分析。基于前述慈善事业参与救助的现状以及四种衔接模式，本书提出当前衔接过程中呈现的主要问题表现为衔接主体定位不清、衔接方式有待丰富、衔接资源尚待整合、衔接机制亟待建立四个方面。其背后的根源则可归结为：国家与社会边界不清、慈善事业发展不均衡、救助本身存在模糊性以及相关制度亟待健全完善等。

第四，提出推进二者衔接的策略。针对我国慈善事业与社会救助衔接中的问题与根源，参考英国、美国、日本的相关做法，从推进前提、推进原则与具体策略三个层面提出对策建议，具体包括政社分开、分类衔接与精准衔接等，为推进我国慈善事业与社会救助之间的衔接贡献力量。

本书的应用价值在于，可以为慈善事业与社会救助制度的完善，以及与三次分配协调配套的制度体系提供科学依据与政策参考。首先，本书基于衔接模式提出的推进衔接策略，对我国"社会救助法"、慈善法等相关制度的制定与进一步完善具有参考价值。其次，慈善事业与社会救助之间的比较分析与历史梳理以及衔接实践分析，尤其对再分配与第三次分配之间制度体系的协调配套具有重要基础价值。

本书也具有一定的理论价值。它在一定程度上深化了对慈善事业与社会救助衔接实践的认识。实践中，政府救助既包含最低生活保障，也包含专项救助；慈善救助项目则涉及范围更加广泛。在不同救助领域，如何实现慈善事业与政府主导下社会救助的衔接，机制与模式不一而足。对此，本书的特色之一便是以调研实践为基础，选取典型救助领域中的典型案例，深入分析其中的模式特征。

由于主观和客观条件限制，主要是本人研究能力所限，书中疏漏之处在所难免，问题讨论仍有未尽之处，敬请各位读者朋友批评、指正！

乜 琪

2023 年 3 月

目 录

第一章 绪 论 …………………………………………………… 001

第二章 理论工具与分析层次 ………………………………… 021
    第一节 相关理论 ………………………………………… 021
    第二节 慈善事业与社会救助的结构关系 ……………… 023
    第三节 关于衔接的不同层次 …………………………… 027

第三章 慈善事业参与社会救助的实践 ……………………… 035
    第一节 慈善事业参与社会救助的历程 ………………… 035
    第二节 慈善事业参与社会救助的现状 ………………… 039
    第三节 慈善事业参与社会救助的特征 ………………… 050

第四章 慈善救助与政府救助的衔接模式 …………………… 053
    第一节 分析框架与分类标准 …………………………… 053
    第二节 慈善救助与政府救助衔接的四种模式 ………… 056
    第三节 四种模式的比较分析 …………………………… 087
    第四节 四种衔接模式的衔接经验 ……………………… 092

第五章　多元参与不足：衔接存在的问题与根源分析 ············· 096

　　第一节　衔接中的问题表现 ································· 096

　　第二节　根源分析 ······································· 109

第六章　多层次推进：促进衔接的对策建议 ····················· 117

　　第一节　推进前提：政社分开 ····························· 117

　　第二节　推进原则：分类衔接与精准衔接 ···················· 120

　　第三节　推进对策：多管齐下、因地制宜、与时俱进、

　　　　　　建章立制 ······································· 123

参考文献 ··· 133

附录 I　慈善事业与社会救助衔接的国际做法 ·················· 142

附录 II　访谈提纲 ··· 168

后记 ··· 170

第一章

绪　论

一、研究背景与研究意义

本书具有宏观与微观双重研究背景。首先，在宏观层面，党的二十大报告提出，"构建初次分配、再分配、第三次分配协调配套的制度体系"。其中，初次分配是以市场机制为核心，再分配是以公共服务机制为核心，第三次分配则是以公益的社会服务机制为核心[①]；对应的主体分别是企业、政府与社会组织（慈善组织）。因此，与三次分配过程协调配套的制度体系，即为上述三种机制之间的协调配套，也是上述三类主体之间的深度合作。就本书涉及的慈善事业与社会救助来讲，慈善事业对应第三次分配，法定社会救助属于法定社会保障内容，对应再分配；慈善事业与社会救助的衔接，乃至具体到慈善救助与政府救助的衔接，也是再分配与第三次分配的协调、慈善组织与政府的合作。

其次，具体到救助领域，政府救助与慈善事业是广义上的社会救助中的两大支柱。其中，政府救助在广义的社会救助中占据核心地位，具有保民生、兜底线的功能。根据民政部发布的统计数据[②]，2021 年全年政府支出的救助资金达 2450.6 亿元，覆盖贫困人员 5881 万人。政府救助为维护社会

[①]　赵莹莹：《"我国慈善事业面临前所未有的发展机遇"——访第十、十一、十二届全国政协委员，清华大学公益慈善研究院院长王名》，《人民政协报》2022 年 11 月 15 日。

[②]　数据来源：《2021 年民政事业发展统计公报》，见中华人民共和国民政部官方网站，http://images3.mca.gov.cn/www2017/file/202009/1601261242921.pdf，最后检索时间：2023 年 1 月 19 日。

稳定作出了重要贡献。而慈善事业则作为另一支柱，随着 2016 年《中华人民共和国慈善法》（以下简称《慈善法》）的出台，获得快速发展。加之慈善救助相对于政府救助更灵活、服务更专业的优势，使得慈善救助成为政府救助的重要补充。根据相关数据①显示，截至 2022 年底，全国共有慈善捐赠站、点和慈善超市 1.5 万个；全国备案慈善信托 948 单，慈善信托合同规模 44.0 亿元；全国社会组织捐赠收入 1085.3 亿元。如此一来，形成以政府救助为主体、慈善救助为补充的救助格局则是理想状态。

然而，在我国当前社会救助事业中，政府救助与慈善救助经常各自为政、自行其是。导致救助信息不对称、救助资源难协调、应救未救、救后仍未脱离困境等情况多发，不利于救助功能的整体发挥。造成这种现象的原因是多方面的，包括慈善事业自身发展不成熟、政府救助与慈善救助制度不完善等。但核心原因还是在于，慈善救助与政府救助之间的衔接没有建立，合力没有形成。对此，2020 年 8 月，中共中央办公厅、国务院办公厅印发《关于改革完善社会救助制度的意见》明确提出，要"建立政府救助与慈善救助衔接机制"。针对这一政策要求，本书将围绕慈善事业与政府救助的衔接模式及其推进策略进行研究，以期在总结实践经验，进行理论分析的基础上，对新的政策制定起到参考和推动作用。

本书对慈善事业与社会救助之间衔接的探索，不仅对慈善领域制度、社会救助制度的完善具有重要意义，更能直接推进再分配与第三次分配的协调配套，积极响应党的二十大报告的要求。不仅如此，在推进救助领域效能方面还存在以下意义。

第一，有助于改善和提高困境人员的受益水平。从社会保障制度设计的角度分析，社会救助是底线保障，以免民众生活陷入绝境。虽然目前社会救助的救助范围与救助水平逐年递增，但相对于城乡居民日益增长的生活支出，仍然存在保障不足的问题。尤其受救助标准等一系列限制，社会救助的实际救助情况难以达到政策预期效果。因此，必须发挥慈善事业的

---

① 数据来源：《2022 年民政事业发展统计公报》，见中华人民共和国民政部官方网站，https://www.mca.gov.cn/n156/n2679/c1662004999979995221/attr/306352.pdf。最后检索时间：2024 年 1 月 20 日。

灵活性等特长，将二者有效衔接，充分发挥社会救助与慈善事业的合力，才能提高困境人员的保障水平。

第二，有助于信息共享，形成互相监督。社会救助需要政府提供准确、专业的救助，才能达到"底线公平"[①] 的目的。但在救助执行中，由于信息不对称以及部门之间的差异等因素，难以对参与社会救助的所有部门形成有力的监管与约束。与此同时，慈善组织的救助行为也缺乏长效监督，由于信息披露方面的不透明，公众对慈善捐赠资金的去向和使用所知有限。通过社会救助与慈善事业衔接，可以将信息在政府和慈善组织之间实现共享，实现二者之间的日常监督、多方监督与长效监督。

第三，有助于管理协同，降低制度成本。一直以来社会救助和慈善事业救助没有形成良好的衔接，彼此各行其是。在救助对象确认、救助程序制定、救助资金划拨等方面，都是遵循各自的做法，无形之中增加了救助运行成本。通过衔接可以形成协同效应，提高工作效率，降低成本。

第四，有助于成体系性救助格局的形成。通过社会救助与慈善事业的衔接，可以使贫困人群在享受政府救助的同时，也可以享受慈善组织的救助。无论救助对象首先在哪里得到救助，都可以了解到其他组织后续能够提供的救助，形成救助的连续性。如针对享受最低生活保障政策的人群，慈善组织可以提供相应的就业技能培训等救助服务，以达到更好的救助效果。

二、研究现状

（一）国内研究总览

关于慈善事业与社会救助之间的衔接，国内学者进行了一定的研究，但整体上仍处于探索阶段。就已有的研究内容，可以归纳为以下三个方面：一是为什么要进行慈善事业与社会救助之间的衔接，即慈善事业与社

---

① 景天魁：《适度公平就是底线公平》，《中国党政干部论坛》2007年第4期。

会救助之间的关系定位研究；二是慈善组织与政府关系研究，决定着慈善事业与社会救助衔接如何实现；三是慈善事业与社会救助的衔接研究，其中又涉及在衔接过程中存在的问题，以及进行衔接的原则和对策研究。

1. 慈善事业与社会救助之间的关系定位研究

关于慈善事业与社会救助之间的关系，当前学界的普遍观点是，二者同属社会保障体系的组成部分，慈善事业是社会救助的补充。具体观点在学界内有不同的表述和主张。比如，周秋光主张"补充说"，认为"现代中国社会保障制度以政府为主体和主导，民间社会团体与个人自发组织参与的慈善事业是其重要补充"；不同意将慈善事业作为社会保障的组成部分，否则，"政府社会保障和民间社会慈善之间的界限也就没有了，是为政府垄断和取代民间社会而包办慈善提供理论依据"[1]。郑功成则将慈善事业归为多层次社会保障体系的组成部分，并将慈善事业与社会救助分别划分为社会保障体系的不同层次，分别是政策保障和法定保障：政府负责的社会救助归为第一层次，是法定社会保障；"而由社会组织尤其是慈善组织提供的具有公益性的保障项目，归为政策性保障，是社会保障的第二层次"[2]。还有学者认为，现代慈善的概念应该突破社会保障的体系，扩展到整个公共服务领域，但我国目前显然尚未达到如此阶段，仍处于传统慈善，"将慈善视同社会救助"的阶段[3]。不难看出，上述观点之间的区别，也与不同学者对社会保障、慈善事业等概念的不同理解和界定相关。

在中央顶层设计中，我国慈善事业与社会保障之间的关系发生了变化。2004年，党的十六届四中全会提出"健全社会保险、社会救助、社会福利和慈善事业相衔接的社会保障体系"；2007年，党的十七大报告进一步明确，"以慈善事业、商业保险为补充，加快完善社会保障体系"，基本确立了慈

① 周秋光：《现代中国社会保障制度与慈善事业 70 年发展进程及其思考》，《中南大学学报（社会科学版）》2020 年第 6 期。

② 郑功成：《多层次社会保障体系建设：现状评估与政策思路》，《社会保障评论》2019 年第 1 期。

③ 褚蓥、蔡建旺、余智晟：《改革慈善：现代慈善事业创新改革理论与实践》，社会科学文献出版社 2016 年版。

善事业与社会保障之间的从属关系。直至 2017 年党的十九大报告，仍然在"加强社会保障体系建设"部分中提及，"完善社会救助、社会福利、慈善事业、优抚安置等制度"，将慈善事业作为社会保障体系的内容之一。然而，政策表述在 2019 年发生了变化：2019 年党的十九届四中全会中提出，"重视发挥第三次分配作用，发展慈善等社会公益事业"；自此，慈善事业被定调为第三次分配。同时，慈善事业也出现在"社会保障体系"部分中，表述为"统筹完善社会救助、社会福利、慈善事业、优抚安置等制度"。可以说是基本延续了党的十九大报告中的表述。至 2020 年党的十九届五中全会，慈善事业第三次分配地位进一步明确，表述为"发挥第三次分配作用，发展慈善事业，改善收入和财富分配格局"，并不再出现于"社会保障体系"部分。至此，社会保障作为再分配机制内容，慈善事业作为第三次分配核心，泾渭分明。在最新的党的二十大报告中，二者的分野再次被夯实，"第三次分配"再次被强调，并指出具体路径——"引导、支持有意愿有能力的企业、社会组织和个人积极参与公益慈善事业"。因此，在我国政策文件中，慈善事业经历了从作为社会保障的组成部分，到独立于社会保障体系的过程。

2. 慈善组织与政府关系研究

在对该类研究进行文献综述之前，需要对此处的慈善组织概念作进一步说明。如同后文"概念界定"部分所述，本书对慈善组织作广义解释。这里的广义解释与概念界定中的广义解释并不完全相同，原因在于，本部分涉及的文献有许多是 2016 年《慈善法》出台之前发表的，彼时并不存在法律意义上的慈善组织，这些文献中提到的慈善组织多是从社会或者公众认定的角度界定的。本书在文献综述时不再对慈善组织概念进行细分与追究，统一界定为广义的慈善组织概念，以此说明。

根据现有研究，在讨论慈善组织与政府关系时，学界通常会将慈善主体划分为两类：官办慈善与民办（间）慈善。关于二者的定义，学者们在表述上不尽相同。林卡、吴昊[1]认为："官办慈善组织包括各种准政府机构，

---

① 林卡、吴昊：《官办慈善与民间慈善：中国慈善事业发展的关键问题》，《浙江大学学报（人文社会科学版）》2012 年第 4 期。

资金多来源于公共行政，具有社会管理功能。"徐家良、侯志伟①认为："政府成立的慈善组织一般称为官办慈善组织，企业或者公众成立的慈善组织一般称为民间慈善组织。"杨容涵②认为，官办慈善组织包括各级慈善会系统，以及红十字会、统战部、妇联、残联、公办高校等主管的基金会。由于产生来源不同，官办慈善组织与民办慈善组织在资源动员、组织合法性等方面存在不同的路径与方式③。有学者认为，官办慈善组织是我国所独有的情况④。根据学者们对官办慈善与民办慈善的界定，可以判定慈善组织与政府存在相应的二元关系。褚蓥将其描述为：官办慈善组织与政府是"亲缘型关系"，政府与民办慈善组织的关系则是"业缘型关系"⑤。对官办慈善组织的产生，田凯⑥以"非协调约束"与"组织的外形化"对官办慈善组织的形式与运作相脱离的现象进行了分析。对两类慈善组织的发展方向，学者们观点比较一致：对民办慈善组织主张放开政策束缚，鼓励发展；官办慈善组织对慈善事业发展有消极影响，去行政化、促进官办慈善组织转型是方向；并就官办慈善组织的转型路径进行了探讨⑦⑧⑨⑩；在转型之外，也有学者主张从社会认同视角理解官办慈善组织，通过普及现代慈善文化，

---

① 徐家良、侯志伟：《中国慈善体制改革的三重路径及其演进逻辑——基于三个案例的比较分析》，《北京行政学院学报》2013 年第 3 期。

② 杨容涵：《官办慈善会系统转型发展探析》，《法制与社会》2015 年第 27 期。

③ 龙永红：《现代慈善组织的资源动员：一个分析框架》，《学习与实践》2012 年第 11 期。

④ 翁士洪：《官办非营利组织的内卷化研究——以中国青少年发展基金会为例》，《甘肃行政学院学报》2015 年第 4 期。

⑤ 褚蓥：《政府与官办慈善组织新型关系及其构建——以深圳经济特区社会工作学院为例》，《甘肃行政学院学报》2016 年第 2 期。

⑥ 田凯：《非协调性约束与组织运作——一个研究中国慈善组织与政府关系的理论框架》，《中国行政管理》2004 年第 5 期。

⑦ 邓国胜：《政府与 NGO 的关系：改革的方向与路径》，《中国行政管理》2010 年第 4 期。

⑧ 林卡、吴昊：《官办慈善与民间慈善：中国慈善事业发展的关键问题》，《浙江大学学报（人文社会科学版）》2012 年第 4 期。

⑨ 徐家良、侯志伟：《中国慈善体制改革的三重路径及其演进逻辑——基于三个案例的比较分析》，《北京行政学院学报》2013 年第 3 期。

⑩ 褚蓥：《政府与官办慈善组织新型关系及其构建——以深圳经济特区社会工作学院为例》，《甘肃行政学院学报》2016 年第 2 期。

解除官办慈善组织面临的危机①。

　　实际上，国家与社会关系是社会科学研究中的一个基本范畴，"其在中国场景下的具体运用始终伴随着不同维度的反思"②。具体到政府与社会组织关系，以往的主流观点有：以"分类控制"③"浮动控制"④为代表的控制论，以及"行政吸纳社会"⑤的吸纳论。无论控制抑或吸纳，政府之于社会处于绝对的强势地位。这与我国改革开放之后，从行政性总体社会转变而来相关，社会组织作为第三部门，本就发端于政府的让位，相应地，社会组织表现为依附式⑥、嵌入式⑦发展。随着社会治理体系的落实，社会组织作为多元治理主体中的重要一元，具有坚实的主体合法化基础，其与政府之间的关系也逐渐从控制与吸纳转向合作⑧⑨：策略性合作与调适性合作；也有学者将该种合作表述为"团结性吸纳"⑩"双向赋权"⑪等。

---

　　① 秦振兴：《认同分化与文化阻滞——社会认同视角下官办慈善危机的发生机制》，《理论月刊》2019 年第 9 期。

　　② 景跃进：《将政党带进来——国家与社会关系范畴的反思与重构》，《探索与争鸣》2019 年第 8 期。

　　③ 康晓光、韩恒：《分类控制：当代中国大陆国家与社会关系研究》，《社会学研究》2005 年第 6 期。

　　④ 徐盈艳、黎熙元：《浮动控制与分层嵌入——服务外包下的政社关系调整机制分析》，《社会学研究》2018 年第 2 期。

　　⑤ Kang Xiaoguang and Han Heng, "Administrative Absorption of Society: A Further Probe into the State-Society Relationship in Chinese Mainland", *Social Sciences in China*, 2007（2）.

　　⑥ 彭少峰：《依附式合作：政府与社会组织关系转型的新特征》，《社会主义研究》2017 年第 5 期。

　　⑦ 徐盈艳、黎熙元：《浮动控制与分层嵌入——服务外包下的政社关系调整机制分析》，《社会学研究》2018 年第 2 期。

　　⑧ 程坤鹏、徐家良：《从行政吸纳到策略性合作：新时代政府与社会组织关系的互动逻辑》，《治理研究》2018 年第 6 期。

　　⑨ 郁建兴、沈永东：《调适性合作：十八大以来中国政府与社会组织关系的策略性变革》，《政治学研究》2017 年第 3 期。

　　⑩ 何得桂、徐榕：《团结性吸纳：中国国家与社会关系的一种新解释》，《中国农村观察》2021 年第 3 期。

　　⑪ 纪莺莺：《从"双向嵌入"到"双向赋权"：以 N 市社区社会组织为例——兼论当代中国国家与社会关系的重构》，《浙江学刊》2017 年第 1 期。

3. 慈善事业与社会救助的衔接研究

围绕这一研究主题，学者们分别探讨了衔接中存在的问题，以及衔接对策等。就衔接存在的问题而言，丁朋[①]认为，政府救助存在法定性与有限性、局限性与对象需求刚性等矛盾，为解决政府救助的"盲区和缺漏"，有必要使民间慈善救助与政府合力形成"大救助"。也有观点认为，二者衔接过程中，在慈善救助填补政府救助空白、丰富政府救助内容的同时，也弥补了自身救助的不足[②]。孙远太则从整体性治理视角出发，认为政府救助与慈善救助衔接的机制尚未形成，并且在救助主体、救助功能和救助资源等方面存在分散化治理的情况[③]。针对衔接中存在的问题，有研究认为，政府在救助对象的发现、慈善资源的统筹协调，以及对社会参与的宣传引导方面起到重要作用，应该以政府为主导引领慈善救助[④]。也有学者提出应该秉承平等合作、协商对话、信息共享等原则开展衔接[⑤][⑥]。对此，关信平则指出，理想的目标是在慈善组织与政府之间建立起平等的、制度化的合作伙伴关系，但现阶段不可能实现，现实选择是政府主导下的分工协作[⑦]。

其实，造成我国慈善事业与社会救助之间衔接机制尚未建立的原因有很多，其中根本原因之一，在于慈善事业在我国的发展还不成熟、不完善。基于此，学者们在对我国慈善事业的发展历史进行阶段性划分研究的基础上[⑧]，总结了我国慈善事业的发展成效、问题与对策[⑨]，认为当前慈善事业发

---

① 丁朋：《做好社会救助和慈善资源的对接》，《社会治理》2016年第1期。

② 凌嘉彤：《中国慈善事业与社会救助在项目和服务层面的衔接》，《山东行政学院学报》2016年第3期。

③ 孙远太：《政府救助与慈善救助衔接机制构建研究——基于整体性治理视角》，《中国行政管理》2015年第8期。

④ 陈卫红：《支持社会力量参与社会救助工作的政府作为》，《中国社会组织》2014年第20期。

⑤ 孙远太：《政府救助与慈善救助衔接机制构建研究——基于整体性治理视角》，《中国行政管理》2015年第8期。

⑥ 许艳丽：《社会救助与慈善事业衔接的路径选择》，《新视野》2016年第4期。

⑦ 关信平：《"救急难"需要政府救助与慈善救助有效衔接》，《中国社会组织》2014年第2期。

⑧ 郑功成等：《当代中国慈善事业》，人民出版社2010年版。

⑨ 陈斌：《改革开放以来慈善事业的发展与转型研究》，《社会保障评论》2018年第3期。

展滞后的局面仍然没有从根本上得到改变，"慈善事业作为一种自愿的共享机制，与作为强制性的共享机制即法定社会保障制度的内容与功能几乎具有一致性"[1]，因而促进慈善事业与社会救助等社会保障制度的有机结合，"对慈善事业的发展至关重要"[2]。

从国内的已有研究来看，整体上，有关慈善事业与社会救助衔接的研究仍然处于探索阶段，研究力度有待加强。根据已有研究，学界对慈善事业与社会救助制度的同质性、衔接必要性都有了比较一致的认识，普遍认为，在现阶段，慈善事业是社会保障体系的重要组成部分，慈善救助发挥着对政府救助的补充作用，形成慈善事业与社会救助之间的衔接对保障民生、发展慈善事业具有重要作用。尽管对慈善事业与社会保障之间的关系，不同学者有不同表述，有主张"补充说"[3]，认为前者是后者的补充；有主张"组成说"[4]，认为前者是后者的组成部分。但本书认为，上述观点之间并不形成实际冲突，不同主张的根源在于对社会保障有不同的界定。"补充说"将社会保障界定为政府承担责任的、法定的、狭义的社会保障；而"组成说"中的社会保障主体不仅包括政府，还包括慈善组织等社会力量，乃至市场力量，是广义上的"大保障"。所以，从广义上说，慈善事业是社会保障体系的组成部分，慈善救助为政府救助提供补充。在此观点之上，笔者认为，随着慈善事业的发展壮大，以及各地实践的不断发展，慈善救助是否仍然仅仅是政府救助的补充，有待进一步研究。这也是本书采取实践案例资料的原因之一。

国内已有研究在探讨慈善组织与政府关系时，避不开官办慈善组织与

---

① 周秋光：《现代中国社会保障制度与慈善事业 70 年发展进程及其思考》，《中南大学学报（社会科学版）》2020 年第 6 期。

② 郑功成：《中国慈善事业发展：成效、问题与制度完善》，《中共中央党校（国家行政学院）学报》2020 年第 6 期。

③ 周秋光：《现代中国社会保障制度与慈善事业 70 年发展进程及其思考》，《中南大学学报（社会科学版）》2020 年第 6 期。

④ 郑功成：《多层次社会保障体系建设：现状评估与政策思路》，《社会保障评论》2019 年第 1 期。

民办慈善组织的二元划分。对此,笔者同意既有研究的观点,实践中确实存在官办慈善组织与民办慈善组织的分野,而且官办慈善组织还将长期在慈善体系中占据主导地位。但是既有研究中并未对慈善救助与政府救助衔接背景下,官办慈善组织与民办慈善组织的不同衔接路径进行研究。这点是笔者关注到,并欲在本书中进行探索的部分。衔接共识已经达成,但对于如何衔接,应该从哪些方面、哪些要素具体进行衔接,现有研究只给出了零星的原则性建议,缺乏具体的、具有可操作性的衔接策略。同时,现有研究也缺乏对实践中已有的衔接的总结分析,缺乏经验分析、问题总结与政策提炼。正是基于这一研究现状,笔者在实证调研基础上,通过具体实践案例反映地方衔接经验与问题,总结出推动慈善事业与社会救助衔接的具有可操作性的衔接策略。

(二) 国外相关研究简述

在笔者收集到的国外文献中,慈善通常会与福利放在一起讨论,被认为是福利组合中的一元[①]。6位分别来自英国、德国、澳大利亚的学者认为,现代福利制度依赖于一系列行动者,包括国家、市场、家庭、雇主和慈善机构,并通过考察德国和英国的上述福利主体在儿童保育方面的贡献,证明了各主体的贡献[②]。在比较慈善与政府救助责任时,不同国家学者有不同主张。加拿大学者[③]指出,慈善解决的是社会问题的症状,而不是其根源,这种模式虽然植根于同情和慷慨,却在施舍者和接受者之间造成了不对称

① Vasiliki Chalaza、Christos Tsakas、Karolos Iosif Kavoulakos,"From charity to welfare: Disability movement, institutional change and social transformation in post-dictatorial Greece", *Disability Studies Quarterly*, Vol.40, No.3, 2020; Maoz Brown, "Cooperation, coordination, and control: The emergence and decline of centralized finance in American charity", *Social Science History*, Vol.42, 2018.

② Peter Taylor-Gooby、Jan-Ocko Heuer、Heejung Chung、Benjamin Leruth、Steffen Mau、Katharina Zimmermann, "Regimes, social risks and the welfare mix: Unpacking attitudes to pensions and childcare in Germany and the UK through deliberative forums", *Journal of Social Policy*, Vol.49, No.1, 2020.

③ Tracy Smith-Carrier, "State-voluntary relations in contemporary welfare systems: New politics or voluntary action as usual?", *Nonprofit and Voluntary Sector Quarterly*, Vol.47, No.4S, 2018.

的权力差异，由于慈善模式有诸多缺点，国家应该保证全体国民的最低收入，而不是依赖于慈善。塞缪尔·P. 哈蒙德[1]同样提出，慈善在资金筹集上并非总能如愿，所以不可能取代国家福利。瑞典学者约翰·瓦姆斯塔德与约翰·冯·埃森则认为，瑞典的慈善捐赠帮助建构了一个全民福利型国家，即使在认为福利是一种社会权利的国家，慈善捐赠依然发挥重要作用[2]。斯塔丽·福尔哈马尔[3]也认为，瑞典福利国家根源于科学慈善事业。卡斯帕·维拉德森[4]则主张，作为一项古老的事业，慈善在社会政策中的作用很难跨越时间和空间加以概括，它的战略功能必须在特定的社会和特定的历史时刻加以审视。德国学者则以土耳其社会救助制度为例，说明如何将相互竞争的福利国家范式和国家组织的慈善范式融合在一起[5]。

国外文献集中探讨慈善与福利的关系。学者们形成的共识是，福利国家来源于科学慈善理念，慈善机构是福利来源主体之一，并且发挥着重要作用。但在对慈善事业的功能上，观点存在差异：有学者强调即使全民福利型国家仍需要慈善事业；有学者强调只有政府才能承担兜底保护作用，慈善事业只能解决表面问题。这些研究为政府救助与慈善救助的衔接提供了依据，在政府救助主导责任之外，慈善救助能够起到补充作用。那么慈善事业在不同的国家福利模式下，如何与政府等其他福利主体共同配合，才能使福利最大化，是国外研究关注较少的，该方向的研究有待进一步深入。

---

① Samuel P. Hammond，"It（still）takes a nation：Why private charity will never replace the welfare state"，*Independent Review*，Vol.23，No.4，2012.

② Johan Vamstad and Johan von Essen，"Charitable giving in a universal welfare state–charity and social rights in Sweden"，*Nonprofit and Voluntary Sector Quarterly*，Vol.42，No.2，2019.

③ Staffan Förhammar，"Scientific philanthropy and welfare politics of solidarity：A discussion of the roots of the Swedish welfare state"，*Scandinavian Journal of History*，Vol.41，No.1，2016.

④ Kaspar Villadsen，"Modern welfare and 'Good Old' philanthropy：A forgotten or a troubling trajectory?" *Public Management Review*，Vol.13，No.8，2011.

⑤ Kerem Gabriel Oktem & Cansu Erdogan，"Between welfare state and（state–organised）charity：How Turkey's social assistance regime blends two competing policy paradigms"，*International Journal of Sociology and Social Policy*，Vol. 40，No. 3/4，2020.

三、研究思路与研究方法

（一）研究思路

本书的研究以核心概念的界定为逻辑起点。根据概念界定的内容，慈善事业与社会救助之间的衔接，实际上是指慈善救助与政府救助之间的衔接合作。据此，本书采用福利多元主义和多元治理理论作为理论工具，对慈善事业与社会救助之间衔接的必要性和可行性进行理论分析。从功能地位、制度目标、救助程序、救助理念、制度渊源等不同角度对慈善事业与社会救助之间的一致性与差异性进行分析比较，为后续的衔接奠定基础。同时，从宏观、中观、微观三个层面对衔接机制进行了分析。宏观衔接指同为救助主体，政府与慈善组织之间的关系；中观衔接机制包括动员机制、激励机制、协调（联动）机制、监管机制四个方面；微观衔接要素则以制度衔接、信息衔接、资源衔接、公信力衔接为内容。宏观、中观与微观层面的不同衔接内容，搭建起了本书分析衔接的框架。之后，本书依据文献研究，以及在实证调研中收集到的数据资料等，从宏观上对慈善事业参与救助的发展历程、现状以及特征等进行描述分析。在此基础上，结合笔者实证调研中获得的案例资料，采用多案例研究方法，对衔接实践进行了类型化研究，总结出四种衔接模式：主动双向型衔接模式、政府主导型衔接模式、慈善主导型衔接模式、被动双向型衔接模式，并依据理论工具与衔接框架，对这四种模式的特点及衔接机制等进行分析，对衔接中的经验进行总结提炼。更重要的是，通过对衔接现状与衔接模式的梳理，揭露出衔接中存在的问题，对这些问题进行归纳并剖析其背后根源也是本书的重要内容。最后，在参考国际做法的基础上，提出优化衔接模式、推进慈善事业与社会救助之间衔接的策略建议。具体研究思路如图1—1所示。

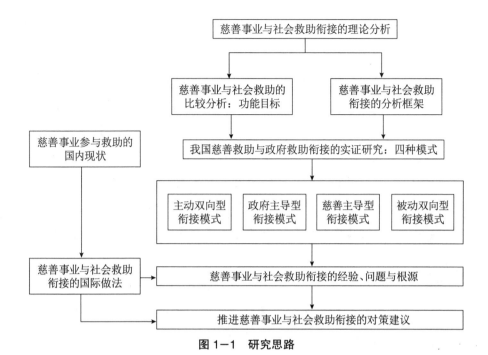

图 1-1　研究思路

（二）研究方法

本书采用的研究方法主要有：文献研究法、访谈法、案例研究法等。

第一，文献研究法。文献研究是贯穿项目始终的研究方法，本书应用的文献资料有三类：一是理论文献，是研究得以开展的基础，主要以期刊和专著为载体；二是政策文献，主要是法律法规，以及政府各部门包括人民代表大会公报等发布的有关政策，如《慈善法》、《社会救助暂行办法》、党的十九大报告、党的十九届四中全会公报、党的二十大报告、《关于改革完善社会救助制度的意见》等；三是外文文献，主要是期刊论文等理论研究文献，也包括部分外文政策文献。由于本书是应用性研究，在通常的理论文献之外，政策文献也是重要的研究资料。

第二，访谈法。本书进行的实证研究，主要以访谈方式开展，既包括半结构式访谈，也包括无结构式访谈；既有个人访谈，也有座谈会。回顾整个研究过程，多次组织座谈会，座谈会规模在 10 人左右；开展个人访谈数十人次，访谈提纲见本书附录Ⅱ。

第三，案例研究法。根据研究需要，从实际可行性出发，本书以质性研究为主，通过对实践中的衔接案例进行剖析，以总结衔接模式，形成衔接经验，分析衔接问题。之所以以案例研究法为主，是因为慈善事业与社会救助的衔接实践是丰富多样的，尤其是在不同的地方、不同的救助领域，衔接表现不尽相同，难以通过问卷法等规范方式量化。笔者认为，为反映丰富的衔接实践，典型案例研究是合适的研究方法，通过不同地方的典型案例，反映其衔接经验与衔接问题。书中的案例多数是笔者通过实地调研取得，少数案例是通过文献资料查询获得。需要说明的是，因为研究的需要，在本书写作过程中对部分案例的无关细节作了删除处理，以使案例更加凝练。

第四，其他研究方法。在以上研究方法之外，本书还采取了比较法、观察法等研究方法。比较法主要是对不同地方的不同案例进行比较分析，也包括对国外与国内不同情况的比较分析。观察法与上述的访谈法同步，通常在一次调研行程中，尤其是赴外地的调研中，既有座谈会、个人访谈，也会进行实地参观，这就是观察法的调研应用。

四、研究内容

在介绍本书主要研究内容之前，有必要对书中涉及和讨论的核心概念进行界定与说明。

（一）核心概念界定

1. 慈善事业

慈善事业的发展在我国源远流长，尤其是近些年，随着国民经济的发展和通信技术的进步，慈善事业呈现出多种不同样态的表现形式，学者们对慈善事业的内涵和外延也有不同的界定和理解。传统慈善概念认为，"本质上讲，慈善事业是一种救济行为，施惠者与受惠者是慈善事业的两个基本要素，这对不同时代和不同民族的慈善事业来说，具有普遍意义"①。也有学者更强调慈善事业的民营性特征，认为"慈善事业是指建立在社会捐献经济基础之上的民营性社会救助行为，是一种混合型社会分配方式"②。至此，传统的慈善事业强调救助或者救济行为，以扶危济困为主要内容。

随着传统慈善向现代慈善的转型，慈善事业的内涵不断丰富，外延不断扩大，慈善领域不断扩展。我国当前的慈善事业作为"中国特色社会主义事业的有益组成部分"③，不仅立足于扶危济困，更是在教育、科研、文化、卫生、体育以及环境保护等领域发挥着越来越重要的作用。而在西方国家，慈善领域更加宽广，"已经囊括了几乎全部公共服务事务"④。所以说，慈善事业是一个历史范畴，其内涵与外延随时间与空间的变化而产生变化。

本书探讨慈善事业与社会救助的衔接，经笔者讨论，决定将标题中的慈善事业作狭义上的界定，在不作特殊说明的情况下，本书中所研究的慈善事业，是指慈善事业主体——慈善组织开展的救助活动，即慈善救助。借用我国《慈善法》⑤的规定，笔者进一步对慈善救助界定如下：指自然人、慈善组织或者其他法人，以及非法人组织以捐赠财产或者提供服务等方式，自愿开展的扶贫、济困，扶老、救孤、恤病、助残，救助自然灾害、事故灾害和公共卫生事件等突发事件造成的损害等活动。需要说明的是，在具体表述中，会根据行文需要出现慈善事业与慈善救助等不同表述。

2.慈善组织

慈善组织是慈善事业的重要载体，是慈善活动的关键主体。现行《慈善法》将慈善组织界定为"以面向社会开展慈善活动为宗旨的非营利性组

---

① 张奇林：《论影响慈善事业发展的四大因素》，《经济评论》1997年第6期。
② 郑功成等：《当代中国慈善事业》，人民出版社2010年版。
③ 郑功成：《中国慈善事业发展：成效、问题与制度完善》，《中共中央党校（国家行政学院）学报》2020年第6期。
④ 褚蓥、蔡建旺、余智晟：《改革慈善：现代慈善事业创新改革理论与实践》，社会科学文献出版社2016年版。
⑤ 2023年12月29日，第十四届全国人民代表大会常务委员会第七次会议表决通过了《全国人民代表大会常务委员会关于修改〈中华人民共和国慈善法〉的决定》，新修改的慈善法自2024年9月5日起施行。如无特殊说明，本书所称《慈善法》皆为此次修改之后的《慈善法》文本。

织"。《慈善法》规定，慈善组织的来源有两种情况：一是直接登记为慈善组织；二是《慈善法》实施前已经登记的社会组织经过申请，被民政部门认定为慈善组织。上述两类是狭义的具有法律合法性的慈善组织。另外，还有大量尚未被认定为慈善组织的基金会、社会团体、社会服务机构开展慈善救助活动，这些社会组织自认为，甚至也被社会公认为慈善组织。《2022 年三季度民政统计数据》显示，全国共有社会组织 89.3206 万个[1]；同期"全国登记认定的慈善组织数量超过 1 万个"[2]。巨大的体量差距，导致在政策体系和实践中，都必须将社会组织纳入进来，甚至以社会组织作为公益慈善事业的主体。以社会科学文献出版社发布的年度慈善蓝皮书为例，即将社会组织视为慈善事业主体。可以说，当前慈善事业的主要力量仍然源于社会组织。

为反映我国慈善事业的现状，本书中对慈善组织采取广义上的界定，不仅指经过民政部门登记认定的慈善组织，而且将开展慈善救助，从事慈善活动的尚未被认定的社会组织也界定为开展慈善救助的主体[3]。所以，书中的慈善组织在不作特殊说明的情况下，包括慈善类社会组织。同时，如同文献综述部分所言，笔者同意对慈善组织进行官办与民办的划分，在本书中将继续采用官办慈善组织与民办慈善组织概念。

3. 社会救助

关于社会救助的概念，有狭义和广义之分。作为社会保障体系中的三大制度之一，狭义的社会救助是学界通常采用的概念，被认为是"以公共财政作为经济来源，通过政府介入对社会弱势群体生活贫困的解除来维护社会底线公平的一种制度性安排"[4]。狭义的社会救助强调政府的救助责任，

---

[1] 其中包括社会团体 36.9 万个，民办非企业单位 51.5 万个以及基金会 9 206 个。

[2] 《民政部对"关于高质量发展慈善社工事业的提案"的答复》，2022 年 11 月 8 日，载民政部官方网站，https://xxgk.mca.gov.cn：8445/gdnps/pc/content.jsp?mtype=4&id=16141，最后检索时间：2022 年 12 月 3 日。

[3] 以扶贫领域为例，根据民政部的统计数据，2019 年全国有 4.1 万个社会组织开展了 6.2 万个扶贫项目，投入资金超过 600 亿元，体现了慈善事业第三次分配的重要作用。

[4] 杨立雄、刘喜堂：《当代中国社会救助制度回顾与展望》，人民出版社 2012 年版。

享受社会救助是公民的法定权益。广义上的社会救助，根据我国现行《社会救助暂行办法》的规定，在救助主体上不仅包括政府，还包括其他社会力量。其中，慈善事业就是重要的社会力量。从这个意义上说，广义的社会救助体系是包含慈善救助的。基于本书的研究主题，本书采用狭义的社会救助概念，在不作特殊说明的情况下，社会救助即指政府救助，根据现行《社会救助暂行办法》，法定救助项目包括生活救助、灾害救助、医疗救助、教育救助、住房救助、临时救助等。需要说明的是，本书会根据行文需要出现社会救助与政府救助两种表述。

4.衔接与衔接模式

衔接与协同。对衔接的概念进行界定之前，本书先对衔接与协同这对相近概念进行辨析。对协同概念的解释，一般追溯到德国物理学家赫尔曼·哈肯（Herman Haken）创立的协同学理论。根据哈肯[1]的研究，协同强调整体视角，它注重把整体的状态、关系作为研究的基本前提与维度，从宏观向微观过渡；协同在强调微观构成要素功能性的前提下，更为强调整体大于个体的结果性特征。与协同对比，衔接同样具有协调、合作的含义。不同的是，衔接并非从整体视角出发，而是在各衔接主体个体化目标达成的基础上，共同协作整合。衔接更注重个体功能的发挥，通过个体功能的联结与配合形成合力。如果说，协同强调个体的乘法效应，那么衔接则需要的是个体之间的加法结果，更着重个体顺畅、无缝配合，以达到整体效果。另外，与协同相比，衔接更强调个体合作过程中的顺序或者有序性。

基于此，本书中的衔接被定义为，慈善救助主体与政府救助主体——慈善组织与政府，为实现共同目的，即弱势群体或者救助对象利益的增加，按照一定顺序，采取不同的理念、方式等开展救助工作，并在各自的救助阶段实现不同的具体目标。本书中涉及的慈善救助与政府救助之间的衔接，既包括政府救助之后，慈善救助接续的衔接；也包括慈善救助开启，政府

---

[1]　［德］赫尔曼·哈肯：《协同学：大自然构成的奥秘》，凌复华译，上海译文出版社2005年版。

救助紧随其后的衔接，衔接顺序不一而足。

衔接模式。本书中的衔接模式是笔者以实践调研成果，尤其是以案例成果为基础，根据各案例在衔接过程中呈现出的不同特点，拟订一定的分析框架，对实践案例进行的抽象类型化划分，依据的是马克斯·韦伯的"理想型"工具。笔者以衔接意愿为主要标准，结合衔接顺序等其他标准，总结划分出四种衔接模式，反映出四种不同的衔接方式与衔接内容。

经过上述概念界定工作，笔者对本书的研究主题解释如下（见图1-2）：慈善事业与社会救助之间的衔接模式，是指慈善救助与政府救助，在救助主体、救助制度、救助信息、救助资源等维度上形成的衔接合作。

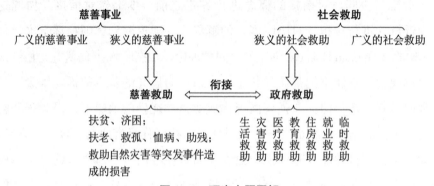

图1-2 研究主题图解

（二）主要研究内容

围绕慈善事业与社会救助的衔接模式与推进策略这一主题，本书分为七个部分展开，各章主要内容如下所示。

第一章，绪论。介绍本书的研究背景与研究意义，围绕研究主题进行文献综述，掌握已有相关研究进展情况，并在对慈善事业、慈善组织、社会救助、衔接与衔接模式等核心概念进行界定的基础上，将本书研究主题"慈善事业与社会救助的衔接"明确为"慈善救助与政府救助之间的衔接"，进而明确交代了本书的研究思路与研究方法。

第二章，理论工具与分析层次。着重介绍了福利多元主义理论与多元治理理论，从两种理论视角出发，福利多元主义可以解释在提供救助过程中，政府与慈善组织是同等责任主体，都是多元主体中的一元；多元治理理论则强调作为治理主体，慈善组织与政府之间具有合作关系。两种理论为后文中关于衔接模式与衔接问题的分析提供了工具。在理论介绍之外，本章还从衔接基础、衔接机制与衔接维度三个方面对衔接进行解释。其中，衔接机制又包含宏观、中观与微观三个层面，微观层面也可以理解为衔接维度层面，包括制度衔接、信息衔接、资源（金）衔接、公信力衔接等，为后文讨论衔接提供了分析层次。

第三章，慈善事业参与社会救助的实践。本章通过梳理文献资料认为，新中国成立后，慈善事业在我国的发展历程就是参与社会救助的过程。从而将慈善事业参与社会救助的历程分为三个阶段：参与萌芽阶段、系统参与阶段和制度化参与阶段。本章以数据资料与政策文献资料为基础，从组织规模、动员资源、覆盖领域、志愿服务参与救助情况、救助成效、制度化建设等方面描述了慈善事业参与社会救助的现状，并对呈现出的特征进行总结。

第四章，慈善救助与政府救助的衔接模式。本章以实证调研资料为基础，应用多案例研究方法，采用马克斯·韦伯的"理想型"概念，将衔接实践划分为四种衔接模式：主动双向型衔接模式、政府主导型衔接模式、慈善主导型衔接模式、被动双向型衔接模式。每种模式以2—3个案例为例，尽量勾勒反映出该种模式的发展变化。结合第二章的理论工具与分析层次，运用本章的分析框架对每种衔接模式的特征、衔接机制等进行了分析比较，并总结了衔接实践中呈现的衔接经验。

第五章，多元参与不足：衔接存在的问题与根源分析。在前述现状与模式的基础上，归纳衔接中存在的问题，表现为衔接主体定位不清、衔接方式有待丰富、衔接资源尚待整合、衔接机制亟待建立四个方面。造成这些问题的根源归结为：国家与社会边界不清、慈善事业发展不均衡、救助本身存在模糊性以及相关制度亟待健全完善。在对上述问题及根源进行分析的过程中，仍然以福利多元主义理论和多元治理理论为理论工具。

第六章，多层次推进：促进衔接的对策建议。根据我国慈善事业与社会救助衔接中存在的问题与根源分析，参考附录中所列英国、美国、日本三个国家在推进慈善事业与社会救助衔接方面的做法，从推进前提、推进原则与推进对策三个层面对促进慈善事业与社会救助衔接的策略进行论述。具体内容包括，以政社分开作为推进前提，以分类衔接与精准衔接作为推进原则，以多管齐下、因地制宜、与时俱进、建章立制作为推进对策。

第二章
理论工具与分析层次

关于慈善事业与社会救助之间的衔接，本书应用到的理论是福利多元主义理论和多元治理理论。本章将在对相关理论进行介绍的基础上，从不同理论视角分析慈善事业与社会救助之间的结构关系。此外，本章还对"衔接"进行了分析层次的界定，从衔接基础、衔接机制与衔接维度三个方面来讨论。

第一节　相关理论

一、福利多元主义理论

1978年英国政府发布《沃尔芬德的志愿组织的未来报告》，首次提到了福利多元主义概念。后经实践与研究的不断深入，该理论内容日渐丰富，并产生了较为深远的理论影响。福利多元主义，简言之，就是主张福利来源的多元化，将国家的全面福利提供转变为多部门福利，由政府的一元福利供应主体扩展为包括政府在内的市场、家庭、志愿组织（非营利组织）等多元主体。那么，福利多元主义中的"多元"到底是"几元"？理论研究经历了从福利三元组合到福利四元组合的发展过程。福利三元组合又被称为"福利三角"，通常指国家、市场和家庭三方。福利四元组合在"福利三角"的基础上增加了"民间社会"或者"志愿组织"。

关于福利多元主义与福利多元组合之间的关系，有必要进一步说明。福利多元主义，可以被看作继古典自由主义、凯恩斯—贝弗里奇主义之后，为解决福利国家危机而崛起的理论范式。福利多元组合，是指不同的福利来源主体之间的不同组合，是实现福利多元主义的方式。前者是后者的指导思想，后者是前者在不同社会时代背景下的体现。

福利多元主义涉及两个核心概念：分散（decentralization）与参与（participation）。这两个核心概念是福利多元主义理论的根本特征所在。分散在部分研究中也被翻译成"分权"，强调的是责任与权力的转移与分散；参与则强调参与的深度与广度。福利多元主义被认为是介于制度型福利（Institutional welfare model）与剩余型福利（Residual welfare model）供给形态之间的中间路线，中和了二者之间的对立。

二、多元治理理论

治理与管理有很大的不同。首先，治理强调政府与其他组织的合作，治理权威的来源不一定是政府；其次，治理强调双向的互动而不是管理者对被管理者自上而下的支配；最后，治理强调多主体的参与，在与政府合作共同制定政策的过程中一定程度上增加了公平和机会。以治理作为理论工具，本书关于治理的内涵，取自英国学者格里·斯托克的关于治理的观点："治理的主体包括政府以及一系列社会公共机构和行为者；治理意味着在解决社会和经济问题寻求解答的过程中存在的界限和责任方面的模糊性。"[1]

多元治理具有以下特点：首先，治理主体多元化，政府、社会组织、企业、公民等都有可能成为其中的一元；其次，治理方式以平等、对话以及合作为主；再次，多元治理改变了传统的权力运作方式，传统的权力运作方式是"自上而下"的单一式运作，而多元治理要求上下互动的运作方式；最后，多元治理的目标向"善治"转变，追求公共利益的最大化。

---

① 俞可平：《治理与善治》，社会科学文献出版社 2000 年版。

多元治理模式下，中央政府、地方政府、非政府组织其至是公民个人都是社会治理的主体，多主体在一定制度的约束下，以各种形式，或合作或竞争，或委托代理，共同行使权力，参与到社会治理中去。通过社会各方参与社会公共事务，承担各自的责任，相互合作，逐渐形成实现公共利益最大化的治理模式。多元治理理论在理论上比较完美，但在实践中通常会遇到两方面的挑战：一是多元主体存在多元化的目标追求，有的以公正为目标，有的以效率为目标，有的以解决某一社会问题为目标，如何整合引导各个治理主体的价值目标，从而实现公共利益最大化是难题之一。二是各个治理主体在不同的社会治理领域中，责任边界应该如何划分的问题。

第二节　慈善事业与社会救助的结构关系

政府与慈善组织在救助中各自的角色定位，以及二者之间的结构关系到底如何？本节将运用上述理论工具进行分析。从福利多元主义视角出发，政府与慈善组织都应该是救助提供的主体之一，二者在救助活动中承担共同责任，享有平等的主体地位。从多元治理理论出发，尤其是协同治理视角之下，多元的救助主体在不同的历史环境、不同的时间、不同的救助领域之中角色和作用是有所变化，因时、因地而有所不同的。

一、福利多元主义视角下的平等责任主体

2013 年民政部制定出台的《关于加强医疗救助与慈善事业衔接的指导意见》就指出了医疗救助与慈善事业衔接的背景，"由于基本医疗保障水平相对偏低，当困难群众罹患重特大疾病时，现有的保障水平仍难以从根本上解决其医疗难题，由此导致因病致贫、因病返贫以及无力看病、放弃治疗等民生问题非常突出"。其实不仅是医疗救助领域，在贫困救助、教育救助、灾难救助等其他救助领域，也存在现有保障与政府救助不足的情况。

针对此类问题，引入慈善力量参与广义社会救助成为题中之义。

其实上述背景与福利多元主义的产生背景类似，均是政府一元能力不足所引起的。所以，福利多元主义可以用来解释救助主体多元化，从政府到政府与慈善组织的衔接。福利多元主义为第三部门（慈善组织）参与社会福利供给提供了重要理论依据。根据福利多元主义的内容，国家、市场、家庭与非营利部门这四个主体是稳定的福利来源。就救助领域而言，市场机制显然无法发挥作用，家庭同个人一样，亦是需要救助的对象。因此，在四元的福利来源主体中，只有政府与非营利组织可以在救助领域承担福利供给者的角色。

如果从制度型福利和剩余型福利的角度来看，我国的社会救助更偏向于制度型福利。政府在广义社会救助中扮演着无可替代的角色，通过制度化的设计，比如制定《社会救助暂行办法》以及其他社会保障政策等，将享受社会救助界定为公民的基本权利。就广义社会救助本身的特征与定位来看，这种制度设置无可指摘。但在实践中，如前所述，政府单一的救助力量无法满足需求，而补缺型福利制度又不适用于救助领域。因此，具有折中主义的福利多元主义适得其所。既非单一强调政府作用，也非单一强调慈善组织作用，二者是救助领域的共同责任主体，共同承担救助责任。在此理念下，慈善组织与政府具有平等的主体地位，不存在主次之分。

平等的共同责任主体的确定，还源于政府与慈善组织的部门特征。已有研究与实践证实，无论政府，还是慈善组织都存在"失灵"的可能性，二者平等的共同责任地位设定，有助于弥补彼此的"失灵"。从分散（权）和参与两个福利多元主义的核心概念来分析，政府与慈善组织在分散（权）上也表现为两个方面：一是由政府一元救助转为政府与慈善组织二元救助，即二者成为共同责任主体；二是救助资源包括救助信息、救助资金等在政府与慈善组织之间的分散与共享。

综上，根据福利多元主义理论，政府与慈善组织在救助领域的定位是：平等的共同责任主体。但需要说明的是，切不可以此作为政府推卸救助主要责任的借口，或者是无限强调慈善组织责任的依据，这也是福利多元主义集中受到批评之处。所以，在平等的责任主体定位之下，政府与慈善组织之间具体是什么样的关系与分工，将在后文分析中进一步明确。

二、多元治理视角下的协同合作关系

党的十九届四中全会对社会治理体系的定位是："政府负责、民主协商、社会协同、公众参与、法治保障、科技支撑。"其中，"政府负责"与"社会协同"也可以应用到救助领域，正是政府与慈善组织在救助领域中的功能定位。"政府负责"是指由政府出台政策，财政负责，政府部门管理执行，"体现的是国民的社会保障或福利权利，主要功能是保障基本生活、解除后顾之忧、提供稳定安全预期，是国家长治久安与全民福祉的可靠制度保障"[1]。"社会协同"则"体现的是社会保障体系的多层次，主要功能是壮大社会保障制度的物质基础，满足部分社会成员的需求，是对法定社会保障制度的有益补充"。[2]

明确了政府与慈善组织的救助定位，衔接机制可以理解为参与救助的多元共治体系的结构。根据多元共治理论的产生背景，"政府失灵"与慈善组织的发展是多元治理的必要条件。就救助领域来说，政府救助是核心，面向全体社会成员，起到保基本的作用；救助形式以资金救助为主，包括政策救助以及服务性救助等。基于此，政府在底线公平的救助定位下，无法满足部分成员的特殊救助需求，而且对于服务性救助也通常"有心无力"。慈善组织恰好能够承担这些职责，既能够承担服务性救助，完善政府救助；也能通过慈善救助满足部分成员的特殊需求，成为政府救助的有益补充力量。而且，慈善组织与政府衔接形成的多元共治体系，在救助治理的手段上也是复合的：既有政府通过行政手段提供公共产品和公共服务，也有政府通过转移支付方式提供公共产品和公共服务，还有慈善事业通过社会动员或者社会互助手段提供公共产品和公共服务。

---

① 郑功成：《中国社会救助制度的合理定位与改革取向》，《国家行政学院学报》2015 年第 4 期。

② 同上。

根据多元治理理论的特征，治理方式以平等与合作为主，要求上下互动。应用到救助领域，慈善组织与政府作为二元治理主体，也应该遵循上述原则。但是，正如约翰·斯图尔特所主张的，"包括国家、市场、家庭和志愿组织等元素在内的混合福利经济是永恒存在的，这些元素在传递福利中的角色和作用（却）是不断变化的。因此，它们之间的关系也是随时间而不同的。所以，混合福利经济是一个动态的、变化的现象。混合福利经济所呈现出的组合状态取决于特定的历史环境及特定的时间背景"①。不同的治理主体，在不同的时间背景下，其关系也不是一成不变的。前面之所以将"政府负责"与"社会协同"作为二者的定位，也是以当前政府与慈善事业各自的能力而定的。虽然我国现行的政府救助也存在问题，但慈善事业在我国发展的不足，以及与政府救助力量的悬殊差距，决定其在相当长的一段时间内，与政府救助的衔接难以实现（救助能力上的）平等合作与上下互动。实践中，政府还要引导和指导慈善事业的发展。在实力地位上，政府与慈善事业显然并不平等。但也正因如此，为促进慈善救助独立功能的发挥，又必须提倡和建议在二者的衔接过程中平等合作。政府与慈善组织之间的这种关系，可以概括为：战略上平等合作，战术上前者引导后者的发展。

　　从协同治理的角度来说，政府救助和慈善救助同样是救助领域的子系统。二者在资源能力上存在不同，形成不同的救助分工。但无论是政府，还是慈善组织，都必须依靠其他子系统来帮助自身，以实现整个系统的运转。各子系统之间如同互相咬合的齿轮，政府救助和慈善救助之间要互相借力，才能实现救助功能的最大化。而要保证子系统之间的协同运转，共同规则的制定必不可少。表现在政府与慈善组织之间的协同共治上，需要一系列衔接机制与具体衔接维度来保证。比如，中观的衔接机制包括动力机制、激励机制、监督机制和保障机制等；而具体的衔接维度（内容）则

　　① John Stewart：*Mixed economies of welfare-acomparative perspective*，London and New York：Prentice Hall Europe，1999.

包括信息衔接、资金物资衔接、人力资源或者服务衔接、公信力衔接以及制度衔接等。

第三节　关于衔接的不同层次

无论理论基础抑或衔接实践，政府救助与慈善救助的衔接均体现了不同层次，本书围绕衔接基础、衔接机制与衔接维度三个方面对此展开分析：衔接基础通过对政府救助与慈善救助的上位概念——社会救助与慈善事业之间异同的比较，从而表明政府救助与慈善救助衔接的必要性与可行性；衔接机制具体又可分为三层含义，本书侧重于对中观层面的动员机制、激励机制等衔接机制的讨论，试图说明衔接何以达成；衔接维度则从具体衔接要素出发，包括制度要素、信息要素、资源（金）要素等，呈现的是衔接的具体结果或者表现。

一、衔接基础

从制度设置上讲，无论是作为社会保障手段还是社会分配方式，慈善事业与社会救助在地位与作用上具有一致性。但在具体内容与性质上又有所不同，慈善救助与政府救助的不同，不仅表现在经济基础和运行方式上，也体现在道德与政治或法治的差异上[①]。具体来说，慈善事业与社会救助的一致性与差异性表现可参见表2-1所示。

表2-1　慈善事业与社会救助比较分析

		社会救助	慈善事业
一致性	功能地位	基本保障	补充保障
	制度目标	救贫济困	救贫济困
	救助程序	法定程序	规范程序

---

① 郑功成等：《当代中国慈善事业》，人民出版社2010年版。

（续表）

		社会救助	慈善事业
差异性	救助理念	公民权利	人道博爱
	制度渊源	强制度性	弱制度性
	工作要求	一定封闭性	公开透明
	救助形式	输血式救助	造血式救助
	资金来源	公共财政	社会捐赠
	满足需求	最低生存	特殊需求

一致性。从功能地位上看，政府对困难群体进行救助，不仅可以减少贫困人口，还可以通过社会财富的"二次分配"，缩小收入差距，保障社会公平，维护社会稳定；被称为"第三次分配"的慈善事业，为社会困难人员提供了有效的帮助，同样达到了上述社会效果。从制度目标上看，政府救助和慈善事业在救贫济困、保障公民基本生存权方面具有共同目标，都是为了消除贫困，促进社会和谐发展。从救助程序上看，政府救助和慈善事业都是依据一套规范的救助程序进行，基本的规范和操作模式具有相似性，从而也为两种制度的衔接奠定了操作基础。

差异性。救助理念不同：政府救助基于人权平等的理念对困难群众进行救助，履行的是保障公民基本生存权的基本责任；而慈善事业是基于社会关爱、仁慈助人理念的一种为公众谋福利的志愿行为。制度渊源不同：政府救助是由法律明文规定的，实施救助与享受救助分别是政府的义务和公民的权利；而慈善救助具有非法定性，受救助对象的确定和具体救助服务的提供，依照慈善组织自身的宗旨与使命，具有较大的弹性。工作要求不同：政府救助在政府层层管控下具有一定的封闭性，数据资料等并非完全公开透明；而慈善事业强调公开性和透明性，并以此作为公信力建设的基础。救助形式不同：政府救助具有浓厚的行政色彩，以最低生活保障为核心，是生存型救助，形式较为单一，表现为资金救助为主的输血式救助；而慈善救助的工作人员有很多志愿者，其工作容易获得救助对象的情感共鸣与社会认同，"它可以通过募捐、志愿服务、成立机构、公益创投、慈善项目、网络慈善等多样化、组合化、专业化和个性化方式，提升救助对象自我发展能力"①，偏重于发展型救助，表现为服务救助（或者能力救助）为主的造血式救助。此外，政府救助与慈善事业的救助定位也不同，体现在资金来源与满足需求两个方面：政府救助依靠财政资金，以"托底线""救急难"作为救助原则，救助层次集中于生存救助；作为第三次分配的重要手段，慈善事业的资源来源于社会，应用于社会；慈善救助资金依赖社会捐赠，并根据救助对象的具体需求与慈善组织的组织宗旨进行个性化救助。

上述一致性与差异性是慈善事业与社会救助衔接的基础：一致性为二者提供了相同的行动方向，差异性为二者实现救助功能提供不同的理念与方式，有助于二者实现救助方式或者救助途径的多样化。总之，求同存异、合作互补，在坚持一致性的基础上实现差异化互补，构成了慈善事业与社会救助衔接的基础。

二、衔接机制

从词义来看，"机制"一词泛指引起、制约事物运动、转化、发展的内在结构和作用方式，包括事物内部因素的耦合关系，各因素相互作用的形式，功能作用的程序以及转变的契机等。在英汉科技大词库中，与"机制"对应的"Mechanism"一词的释义则有："（1）机构，结构；（2）（自然现象等的）作用过程，历程，过程；（3）手法，技巧，途径"等。因此对于"机制"一词，不同的场合可以有不同的理解。笔者认为，慈善事业与社会救助的衔接机制，可以分为三个层次来理解。

首先是宏观层面，可将衔接机制理解为参与广义社会救助的多元共治体系的结构设置，以及各治理主体之间的关系，这是衔接机制的物质基础。这里运用了多元治理的理念，把广义社会救助视为一个整体，把扶弱济困理念作为治理的目标，在概念上打破政府救助、慈善事业的藩篱，把广义社会救助看作政府、企业、慈善组织、社会公众共同参与的治理过程，这

---

① 丁朋：《做好社会救助和慈善资源的对接》，《社会治理》2016年第1期。

样衔接机制反映的就是各主体在治理活动中的相互关系。其次是中观层面，可将政府救助、慈善事业视为相互独立的两大板块，考察二者之间的衔接过程，将衔接机制理解为这两大独立板块之间的互动关系，这是衔接机制的理论抽象。最后是微观层面①，可将衔接机制理解为社会救助过程使信息、资金、物资、人力、信任、制度等关键要素在不同治理主体之间传播、流动、整合的具体途径，这是衔接机制的具体表现。这三个层面的理解对应了"Mechanism"一词的三层含义，分别是宏观层面的系统结构、中观层面的运作过程和微观层面的具体做法。

本节将着重介绍中观层面的衔接机制，包括动员机制、激励机制、协调（联动）机制、监管机制四个方面。

动员机制。慈善事业与社会救助之间衔接机制的建立，动员引导机制是必不可少的。笔者认为，这里的动员机制的建立可以从体制、组织和社会三个方面着手。在体制动员方面，应该从硬政策和软环境两个方面入手。硬政策，是指鼓励支持慈善事业发展的各类法律法规应该建设完备；软环境，是指鼓励衔接的平等的、宽松的政策及社会环境。在组织动员方面，是指坚持慈善事业与政府救助在平等地位的基础上，形成救助工作组织网格。在社会动员方面，是指对志愿资源的动员，尤其是志愿者队伍，不但在数量上需要进行社会动员，而且打造专业化的、分工明确的、覆盖面广的、高效灵活的志愿者队伍应该是我们的目标。

激励机制。激励机制，也称为奖惩机制。针对慈善事业与社会救助之间的衔接，更多以正向激励为主，以负面惩戒为辅。通观实践与已有研究，慈善事业与社会救助衔接的激励机制主要是以《慈善法》为核心的各种支持鼓励措施，以促进慈善事业发展。负面惩罚机制包括监督和问责等。政府对慈善事业的激励保障工作，最突出地体现在2016年《慈善法》的出台，通过立法形式确定了对慈善事业发展的支持。《慈善法》中明确了一系

---

① 微观层面的衔接在本书的表述中被称为衔接维度或者衔接要素，将在后文集中介绍。本节中的衔接机制将以中观衔接机制为主。

列扶持和保障慈善事业发展的制度措施：一是直接倡导。如《慈善法》第五条，"国家鼓励和支持自然人、法人和非法人组织组织践行社会主义核心价值观，弘扬中华民族传统美德，依法开展慈善活动。"该条规定直接表明了国家政府对慈善事业发展的立场和态度。二是设立专门日期。《慈善法》第七条，"每年9月5日为中华慈善日。"三是税收优惠政策。修改后的《慈善法》在原来的基础上增加了对慈善事业以及慈善信托的税收优惠规定。四是从国家层面建立表彰制度。比如，已经开展的民政部门对慈善组织进行评估（级）活动，以及对某些慈善项目冠名纪念的规定等。

协调（联动）机制。协调机制或者联动机制是慈善事业与社会救助衔接的题中应有之义。协调机制包括两个层面：一是政府部门与慈善组织之间的协调机制；二是慈善组织之间的协调机制。前者属于政府主导的协调机制，后者则为行业协作机制。在以上两个层面的基础上，根据《慈善法》的规定以及救助实践，慈善事业与社会救助协调机制的内容又包括以下维度：信息协调、救助内容协调、救助方式协调等。其中，信息包括与慈善、救助相关的各类信息，救助内容是指资金救助、物资救助还是服务救助，救助方式主要指生存型救助还是权利型救助。协调机制的两个层面与三个维度相结合，呈现出慈善事业与社会救助协调机制的六个方面：政府协调机制下的信息协调、政府协调机制下的救助内容协调、政府协调机制下的救助方式协调、行业协作机制下的信息协调、行业协作机制下的救助内容协调、行业协作机制下的救助方式协调。

监管机制。提到监管机制，通常是上对下。慈善事业与社会救助衔接的监管机制中，强调的是政府对慈善组织的监管。简单来说，慈善事业的监管机制主要分为监管内容与监管方式两块。监管内容方面，其不仅包括对慈善资金募集、运作以及使用效果的全程监督，还包括对慈善组织的自身信息、财务报表、重大活动、人员管理、专业培训等方面的监督。这些监督得以开展一方面依赖于政府的信息统计制度，另一方面则依赖于慈善组织的信息披露与信息公开制度。监管方式方面，政府的监管始终有限，要实现全方位、全过程监管，需要动员更多的监管主体实施更多元化的监管方式，包括来自税务部门、审计部门、社会公众、行业自律组织以及同行的法律监管、行政监管、财务和审计监督、舆论监督、公众监督、同行监督、服务对象监督以及与行业自律相结合的监管机制。笔者认为，建立完善的外部监督监管机制固然重要，然而要真正实现慈善事业的良性健康发展，相比他律，更重要的是自律。建立组织内部自我约束、自我监督机制，使问题消亡于组织内部，或许是更为理想的监管效果。补充说明的是，监管离不开监督与问责。在慈善事业与社会救助的衔接过程中，监督与问责机制也是双向的。一方面是政府对慈善事业的监督和问责；另一方面是慈善事业对政府的监督和问责。

三、衔接维度

衔接维度或者衔接要素是慈善事业与社会救助衔接在微观层面的表现，具体包括制度衔接、信息衔接、资源（金）衔接、公信力衔接等。这里需要指出的是，制度衔接与其他衔接要素不同：制度衔接的实现更倾向于救助衔接的结果或者衔接成效；其他如信息、资源（金）、公信力等都是救助过程中的必需要素，这些要素是救助衔接中必然要衔接的部分，但制度衔接未必都会实现。另外，后文中也会将资源具体为资金、服务乃至人力资本等，具体请见第四章，关于四类衔接模式的分析框架及分类。

制度衔接。慈善事业与社会救助的相关制度，集中体现在当前的《慈善法》与《社会救助暂行办法》之中。对比来看，二者的制度目标存在差异：社会救助追求的是对基本生活的"兜底性"救助，是国家承担对民众生活的基础性救助义务；而慈善事业在基本的救助性保障之外，更重要的追求是对慈善文化的弘扬，以及社会发展成果的共享，强调了第三次财富分配的效用。所以，从制度目标层次来看，二者的相通之处在于对民众低水平生活的帮助与改善。在运行原则上，二者之间形成政府和慈善组织行为的两种路径，前者严格，后者相对灵活，可以形成互补，以利于救助在不同层面开展活动。在运行主体、运行对象与运行方式等方面，慈善事业与社会救助之间有相通的地方，更多的是差异。总体上，以《社会救助暂行办法》为核心的社会救助制度，与以《慈善法》为核心的慈善事业制度，在制度基础上互相补充，相辅相成，为二者的衔接提供了空间。

信息衔接。在信息衔接方面，慈善事业与社会救助之间既有优势，也存在问题与不足。其中，优势表现为以下几点：第一，在信息公开层面，修改后的《慈善法》就慈善信息的公开方式、公开渠道、公开要求以及政府与慈善组织在信息公开中各自的职责进一步细化；《社会救助暂行办法》要求政府社会救助管理部门提供社会救助需求信息；慈善信息的供给与政府救助的需求，为救助信息的衔接提供了可能。第二，在信息衔接层面，如前所述，已经具备了衔接的基础。《民政部关于加强政府救助与慈善帮扶有效衔接的指导意见》则就救助对象的衔接以及信息对接服务平台的搭建等做出了较为具体的规定，为信息衔接的实现提供了有效路径。问题与不足表现为以下几点：第一，信息内容不清。在相关法律规章中提到的救助信息含义各不相同：既包含救助对象信息，也包括慈善组织信息、救助需求信息、政府救助信息等。这些信息不但分散，且是否适于交换共享仍有待根据实际情况确定。第二，政府与慈善组织之间的信息衔接，涉及政府与慈善组织双方如何突破政府内部救助部门与慈善管理部门之间的壁垒将会是一大挑战。

资源（金）衔接。这里的资源（金）衔接主要包括两个方面：资金筹集与使用，以及志愿资源的衔接。在资金筹集与使用方面，政府救助的资金来源单一，使用也是有明确规定的。慈善事业财产权相对独立，但是对个别情形，如公募基金财产由政府规制和监管较为严格，其余多数情况下，政府救助和慈善救助在资金财产上可衔接的途径不多。根据《社会救助暂行办法》第五十三条的规定，政府救助与慈善救助在资金上的衔接可以通过"财政补贴、税收优惠、费用减免"三种渠道进行。在志愿资源衔接方面，政府救助依赖专业组织的专业服务，慈善事业更倾向于自行构建志愿者资源，形成针对性的慈善专业资源。二者不同的特征为衔接提供了方便：政府救助可通过慈善服务的专业性形成的志愿资源，完成政府救助中的专业服务。

公信力衔接。社会救助属于政府行为，由国家信用作为公信力的保障。慈善事业尤其是慈善组织的公信力，随着近年来慈善贪污事件的时有发生，变得更加敏感和重要。对此，《慈善法》规定了确保慈善组织公信力的措施：年度报告制度，财务和审计的专门监督，信息公开制度等。在以上三种公信力保证措施之外，《慈善法》还规定了来自三种主体的监督措施，以促进慈善组织的公信力建设。首先，来自政府的信用记录和评估制度；其次，来自行业自律的监督措施；最后，最普遍也是最有效的社会监督，均反映在《慈善法》中的"监督管理"一章。通过公信力衔接，一方面，将慈善组织直接置于政府的监督之下，尤其是与政府形成工作关系时，便于监督；另一方面，通过与政府救助的衔接，在提高慈善组织能力、提高行业自律性，以及应对社会舆论监督方面都具有较为积极的作用。

本章以福利多元主义理论和多元治理理论为理论工具，分析了慈善事业与政府负责的社会救助之间的结构关系，试图对二者在救助领域的定位以及各自的功能作用进行较为明确的界定，为后文二者的衔接提供研究基础。同时，从衔接基础、衔接机制与衔接维度三方面对慈善事业与社会救助的衔接进行了界定，建立了不同分析层次。为后文分析慈善事业与社会救助之间的衔接模式、衔接中存在的问题及根源等提供依据。

第三章
慈善事业参与社会救助的实践

第一节 慈善事业参与社会救助的历程

有学者认为，我国真正意义上的慈善事业从 20 世纪 90 年代开始[①]。慈善事业在我国的发展历程，从某种程度上来说，就是慈善事业参与社会救助的过程。在这之前，尤其是改革开放之前我国慈善事业的境况，本书将作简单概述。此后，将主要考察 20 世纪 80 年代以后慈善事业参与社会救助的发展历程。

一、改革开放之前我国的慈善事业

新中国成立以来，慈善事业在我国经历了曲折的发展历程。有学者将这一历程划分为四个阶段：改组、断裂、复苏和初步发展[②]；也有学者将这四个阶段界定为政府对慈善事业的限制、排斥、接纳与倡导[③]，以政府对慈善事业的态度为标准进行划分。无论是改组、断裂，还是限制、排斥，都可以说明新中国成立之初慈善事业的状况。当时在经济上实行高度集中的计划经济体制，后来又推行"大锅饭"和"平均主义"，使得大部分生产资料都掌握在国家手中，公众没有多余的资源可以用于慈善活动。在意识

---

① 郑功成：《当代中国慈善事业》，人民出版社 2010 年版。
② 侯云霞：《建国后我国慈善事业发展的历程分析》，《产业与科技论坛》2014 年第 20 期。
③ 郑功成：《当代中国慈善事业》，人民出版社 2010 年版。

形态上，"慈善"被官方文件定义为"资产阶级的糖衣炮弹"，是落后和腐朽的；慈善作为"仁政"，被认为是对新中国"社会主义优越性"的否定。"从社会体制上看，社会福利国家化成为制约慈善事业和制度建设的重要阻碍"①。原有的慈善机构被政府清理、整顿，大量的慈善组织被取缔，存在的极少数的慈善组织也被纳入政府保障和福利体系之中。例如，中国红十字会改组为"中央政府领导下的人民卫生救护团体"，隶属于卫生部；中国福利基金会改组为"中国福利会"，隶属于中国人民救济总会。"经过此次的全面整顿之后，旧中国原有的与慈善有关的社会公益社团被取缔、关闭，也有少数被收于政府名下，成为半官方化或是全官方化的社会团体。"② 这一阶段，政府包揽了福利救济事业，限制和排斥慈善事业。

二、改革开放之后慈善事业参与社会救助的历程

我国慈善事业的恢复和发展是在改革开放之后，对这段时期内慈善事业的发展状况，不同学者作了不同的阶段划分。比如，周秋光教授认为，慈善事业在市场经济时期经历了缓慢复苏、全面兴起与蓬勃发展三个阶段③。也有学者④根据慈善事业的组织形态、参与主体以及政策体系的变化，将改革开放以来慈善事业的演进历程划分为探索期、正名期、发展期和转型期四个时期。考虑到早在1981年，我国首家基金会——中国儿童少年基金会成立，在我国慈善事业发展史上具有重要意义。本书将以此为起点，根据慈善事业发展史上的重要事件，结合我国官办慈善组织与民办慈善组织二元分立的特征，将改革开放之后慈善事业参与社会救助的历程划分为三个阶段：参与萌芽阶段（1981—1993年）、系统参与阶段（1994—2015年）、制度化参与阶段（2016年至今）。

① 杨道波：《新中国慈善立法的回顾、评估与展望》，《河北法学》2013年第5期。
② 贾霄燕、荣冀川：《新中国慈善立法的基调演变——以慈善组织为切入点的分析》，《河北法学》2014年第8期。
③ 周秋光：《现代中国社会保障制度与慈善事业70年发展进程及其思考》，《中南大学（社会科学版）》2020年第6期。
④ 陈斌：《改革开放以来慈善事业的发展与转型研究》，《社会保障评论》2018年第3期。

第一阶段：参与萌芽阶段（1981—1993 年）。这一阶段以 1981 年中国儿童少年基金会（以下简称中国儿基会）的成立为起点。作为新中国成立以后的第一家国家级公募基金会，中国儿基会是在政府的推动下成立的，在机构关系上隶属于全国妇联。中国儿基会在儿童社会救助方面开展工作较多。例如，中国儿基会 1989 年发起的"春蕾计划"，致力于救助贫困家庭女童，围绕女童教育、女童安全、女童健康等开展了多种形式的社会救助工作，已成为著名的公益品牌项目。在中国儿基会以外，中国宋庆龄基金会、中国残疾人福利基金会、中国妇女发展基金会、中国青少年发展基金会、中国扶贫基金会等在这一时期陆续成立。其中，中国残疾人福利基金会于 1984 年成立，以扶残助困为使命，专门以残疾人为救助对象。中国扶贫基金会成立于 1989 年，以播善减贫为组织使命，在国务院扶贫办和民政部的领导下，是我国扶贫攻坚的重要力量之一。该阶段慈善事业的发展以全国性基金会的成立为主要特点，这些基金会都是由政府推动成立的[①]，"存在资金封闭性、项目垄断性、运作行政性等"[②]特点。在政府领导下，开展不同领域与人群的社会救助工作。对此，1988 年国务院发布的《基金会管理办法》明确，"基金会通过资金资助推动各项公益事业的发展"。所以，这一时期，伴随着基金会的不断成立，慈善组织在全国范围内陆续参与社会救助工作。在参与萌芽阶段，慈善主体以官办慈善组织为主。

第二阶段：系统参与阶段（1994—2015 年）。1994 年中华慈善总会成立，是我国慈善事业发展史上的里程碑式事件。目前，中华慈善总会在全国共有 401 家[③]单位会员，即通常所说的慈善会系统。慈善会系统以弘扬中华民族扶贫济困的传统美德为组织宗旨，帮助社会上不幸的个人和困难群体，开展多种形式的（广义上的）社会救助工作，如灾害救助、扶贫济困、

---

① 如中国儿童少年基金会是由全国妇联、总工会、共青团等 17 家体制内单位联合发起的；中国青少年发展基金会是由共青团、全国青联、全国学联和全国青年工作委员会共同创办的；中国妇女发展基金会由全国妇联创办；中国人口福利基金会脱胎于原国家计划生育委员会。

② 王君平：《"公募"与"草根"联手有力量（热点解读）》，《人民日报》2012 年 5 月 17 日。

③ 数据来源：中华慈善总会官方网站，总会介绍部分，http://www.chinacharityfederation.org/，最后检索时间：2021 年 1 月 15 日。

安老助孤、医疗救助、助学支教等。慈善会系统的建立发展，在资源筹集、项目开展、慈善救助体系等方面逐渐形成自身特色，在参与社会救助工作的过程中，逐步与政府救助形成系统性的对接。

同时期，1999 年《中华人民共和国公益事业捐赠法》的出台，通过鼓励捐赠、规范捐赠与受赠行为，促进了公益捐赠事业的发展，填补了规范公益捐赠的法律空白。2008 年汶川地震，引发"全民慈善"的热潮，当年全国捐赠总额高达 1070 亿元人民币，是前一年的 3.5 倍，且国内个人捐赠金额首次超过企业，占到 54%。2010 年青海玉树地震的救灾过程中，因"汇缴"捐款，包括中华慈善总会在内的 13 家全国性基金会代表的慈善组织，与政府救助之间呈现出新的互动实践，引发全民关注，反映了慈善救助与政府救助在衔接上存在的问题，也为慈善救助与政府救助的衔接提供了实践分析案例。对此，将在后面章节中对该案例进行深入分析。2014 年，国务院发布《关于促进慈善事业健康发展的指导意见》，突出"慈善事业扶贫济困的救助功能，鼓励与政府（主导）的社会救助形成合力，有效发挥重要补充作用"。

以慈善会为代表的官办慈善组织，在该阶段持续发展，成为我国慈善事业的主阵地。与此同时，民办慈善组织也迅速发展崛起。本书第四章提及的免费午餐项目，即该阶段民办慈善组织发展的典型代表。民办慈善组织的发展，一方面得益于互联网公益的兴起；另一方面，该阶段发生的不良事件对以红十字会为代表的官办慈善组织公信力的冲击，也是一大原因。在系统参与阶段，从组织、政策到法律、实践的发生发展，都推进了慈善事业系统性地参与社会救助工作。

第三阶段：制度化参与阶段（2016 年至今）。2016 年《慈善法》出台，"重塑了现代慈善事业的价值与观念，成为中国慈善事业从传统向现代转型的重要分界线"[1]，更为慈善事业参与社会救助提供了制度保障。在立法影响和政府的鼓励之下，《慈善法》颁布实施以来，登记认定的慈善组织数量不

---

① 陈斌：《改革开放以来慈善事业的发展与转型研究》，《社会保障评论》2018 年第 3 期。

断增加，慈善救助筹集资金资源规模不断增大，慈善救助的内容和形式不断创新，慈善救助服务专业化增强，志愿者队伍不断扩大，截至 2023 年 2 月，全国注册志愿者人数已达 2.3 亿人 [1]。尤其在"精准扶贫"方略的指导下，以中国扶贫基金会为代表的慈善组织，不仅投入大量资金开展扶贫济困工作，还通过产业扶贫、健康扶贫、教育扶贫、就业扶贫等一系列方式开展扶贫工作，取得相当成效，为打赢扶贫攻坚战贡献了重要力量。另外，在新冠疫情防控中，截至 2020 年 6 月底，全国各级慈善组织接收的捐赠款物，接近各级财政抗疫总投入资金的四分之一 [2]，体现了慈善组织在公共卫生救助领域的重要作用。不得不承认的是，《慈善法》颁布实施以来，慈善救助在制度化发展的同时，也暴露出一些问题。对此，全国人大常委会于 2020 年开展《慈善法》执法检查工作，对法律实施效果进行评估。针对评估以及法律运行中暴露的问题，2023 年 12 月 29 日，《慈善法》首次修改内容正式公布，其实施效果有待时间检验。

第二节　慈善事业参与社会救助的现状

伴随我国慈善事业向法治化、现代化转型，慈善事业对广义社会救助的参与也更加积极和广泛。本节将从慈善事业参与社会救助的组织规模、动员资源、覆盖领域、志愿服务参与救助情况方面描述慈善事业参与社会救助的现状。需要说明的是，社会组织仍然是我国当前慈善事业的主力军，而且是慈善组织的重要来源。在有关慈善事业的统计数据中，离不开社会组织，这点在本节也有突出表现。

---

[1] 数据来源：中国志愿服务网首页实时统计数据，https://www.chinavolunteer.cn/，最后检索时间：2023 年 2 月 28 日。

[2] 张春贤：《全国人民代表大会常务委员会执法检查组关于检查〈中华人民共和国慈善法〉实施情况的报告》，2020 年 10 月 15 日，见中国人大网，http://www.npc.gov.cn/npc/c30834/202010/afc0a05adb4242b49920c2251017205e.shtml。

一、慈善事业参与社会救助的基础

（一）组织规模

截至2022年底，全国共有社会组织89.1万个，比上年下降1.2%；吸纳社会各类人员就业1108.3万人，比上年增长0.8%[①]。与十年前相比，全国社会组织数量增长近一倍。从社会组织的三大类型来看，2022年社会团体的总量为370093个，占社会组织总量的41.5%。2022年民办非企业单位（社会服务机构）511855万个，占比数量已超过社会组织总量的一半，达57.4%，是数量最多的社会组织类型（参见图3-1）。而且，作为社会组织主体的社会团体与民办非企业单位，多在县级民政部门登记，基层社会组织占主流。

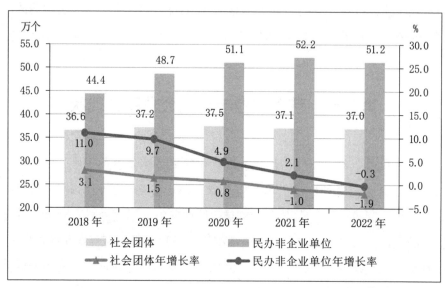

图3-1　2018—2022年社会团体、民办非企业单位数量[②]

2022年基金会共有9319家，是社会组织的三种类型中数量最少的一类。但是基金会是我国接受社会捐赠的重要主体，而且其中大部分已经认

---

① 中华人民共和国民政部官方网站：《2022年民政事业发展统计公报》。

② 同上。

定登记为慈善组织，是慈善组织中的主要力量。所以基金会数量与资产情况直接反映我国慈善事业的组织与资金资源情况。图 3—2 反映了我国社会组织接受捐赠收入情况，截至 2022 年，全国社会组织捐赠收入达 1085.3 亿元。

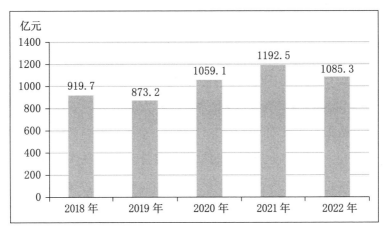

图 3—2　2018—2022 年社会组织捐赠收入情况 ①

　　根据全国慈善信息公开平台的动态数据显示，截至 2022 年底，全国慈善组织数量已超 11000 家 ②。总体上，我国慈善组织的数量表现为持续增长状态。但增长速度不尽如人意，比如，中间一段时间出现增速下降趋势："2017 年全国新增 1025 个，2018 年下降到 913 个，2019 年进一步下降到 758 个，2020 年截至 8 月 21 日只有 308 个。" ③ 其中背后的原因是多方面的，但不容否认的一点是，《慈善法》并未带来慈善组织井喷式发展，慈善组织在数量上与社会组织仍有巨大差距，未来慈善组织在数量上仍有待进一步发展。

---

　　① 中华人民共和国民政部官方网站：《2022 年民政事业发展统计公报》。

　　② 数据来源："慈善中国"网站，https://cszg.mca.gov.cn/biz/ma/csmh/a/csmhaindex.html，最后检索时间：2023 年 2 月 28 日。

　　③ 郑功成：《中国慈善事业发展：成效、问题与制度完善》，《中共中央党校（国家行政学院）学报》2020 年第 6 期。

（二）动员资源

《慈善蓝皮书：中国慈善发展报告（2022）》显示，2021 年度测算慈善资源总量为 4466 亿元，较上年增长 8.56%[①]，这里的公益慈善资源包括社会捐赠、彩票公益金和志愿服务贡献价值三部分。根据前述数据，2021 年全国社会捐赠总量为 1450 亿元，相对于上一年度略有下降，捐赠来源仍以企业捐赠和基金会行业捐赠为主；报告预计当年（2021 年）整体可提取彩票公益金 1062 亿元，同样较上年度有所下降。值得一提的是，志愿服务贡献价值明显较往年增加，折合可达 1954 亿元，比 2020 年度增加 334 亿元，是带动 2021 年全国慈善资源总量增加的核心力量。

从上述数据不难发现，如图 3-3 所示，整体上慈善资源总量仍处于增长态势，但作为慈善事业晴雨表的社会捐赠并未有明显改善与提升：组织化捐赠结构依然"头重脚轻"，依赖于企业、头部基金会与慈善会系统；捐赠数量甚至略有降低。如果从资金与服务的维度划分，志愿服务贡献价值在增速上均远超资金资源，成为慈善资源总量增长的主因。

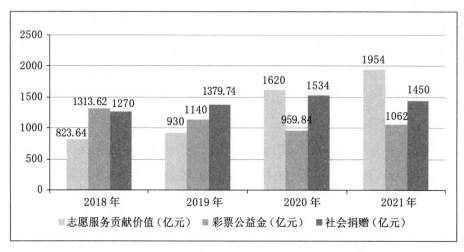

图 3-3 2018—2021 年我国慈善资源总量及构成[②]

---

① 参见宋宗合：《2020—2021 年度中国慈善捐赠报告》，载杨团、朱健刚主编：《慈善蓝皮书：中国慈善发展报告（2022）》，社会科学文献出版社 2022 年版。

② 此图由作者根据《慈善蓝皮书：中国慈善发展报告 2020—2022》中的数据编制而成。

（三）覆盖领域

根据民政部的相关数据，我国社会组织关注较多的领域分别是教育（42.8%）、扶贫助困（19.5%）和医疗救助（8.9%），具体见表3—1所示[1]。这与慈善资金的流向基本一致，也就是说，我国慈善事业的工作重心仍然围绕教育救助、生活救助与医疗救助三大领域。这一数据与次年（2019年）社会捐赠资金的流向相互印证：根据相关报道，2019年，社会捐赠投向教育、扶贫和医疗这三个领域的资金最多，捐赠额分别为440.31亿元、379.02亿元和272.23亿元，三者合计占捐赠总量的72.32%[2]。需要指出的是，随着我国脱贫攻坚战略任务的完成，绝对贫困已经不复存在，同时，2021年，乡村振兴成为我国基本国策，农村工作依然是救助工作的重点所在。因此，可以预见的是，未来农村地区的救助将以振兴与发展为导向。

表3—1　2018年我国社会组织按主要活动领域分类（单位：个）[3]

指标	社会团体	基金会	民办非企业单位
科学研究	14838	504	14665
教育	10102	1511	240012
卫生	8707	177	30882
社会服务	49409	2341	73024
文化	41835	295	26614
体育	33722	42	19986
工商业服务	42510	224	5437
农村及农村发展	64745	86	3060
其他	100366	1854	30412
合计	366234	7034	444092

---

[1]　之所以采用2018年的数据，是因为2018年之后的《民政事业发展统计公报》再无报告社会组织活动领域数据。为保证数据可行性，笔者尽量以官方权威数据为准，因此此处采用2018年权威数据说明情况。

[2]　《去年慈善捐款总额创历史新高　投向教育、扶贫和医疗领域的资金最多》，载中国财经时报网，2020年9月25日，http://www.3news.cn/yaowen/2020/0925/443343.html，最后检索时间：2021年1月15日。

[3]　参见中华人民共和国民政部：《2019年民政事业发展统计公报》。

另一点需要指出的是,个人捐赠也逐渐成为不可小觑的力量,近年来,无论是在单笔超过 10 万元的大额捐赠,还是通过银行或者互联网募捐平台的小微捐赠,个人捐赠均呈现增长的势头。根据《中国公众捐款:谁在捐·怎么捐·捐给谁》[①]一书的数据,从捐赠领域的比例分布来看,医疗健康、减灾救灾、扶贫与发展是公众个人捐赠最多的三大领域,这表明我国当前的公众捐赠具有较强的扶贫救困特征,偏重于生存型社会救助而非发展型的需求回应。

(四)志愿服务参与救助情况

如图 3-3 所示,近年来我国志愿服务贡献价值持续走高,成为慈善资源中的重要组成部分。根据《2021 年度中国志愿服务发展指数报告》[②],2021 年志愿服务的主要特征是,社区居民在地服务和全国志愿者在线服务。志愿服务已覆盖医疗、教育、扶贫、养老、助残、文化等多个领域,成为慈善事业参与社会救助的重要组成部分。而且,志愿服务在参与社会救助工作中具有灵活性:例如,在 2019 年及之前,在精准扶贫导向下,志愿服务成为贫困救助的重要资源。对此,2019 年 12 月 27 日,国务院扶贫办首次公示"志愿者扶贫 50 佳案例",旨在深入挖掘志愿者扶贫典型[③],以推动促进在扶贫助困等社会救助领域开展志愿服务。

自 2020 年新冠疫情暴发以来,志愿者和志愿服务组织在抗击疫情中作出了重大贡献。根据国务院 2020 年 6 月发布的《抗击新冠肺炎疫情的中国行动》[④]白皮书:"据不完全统计,截至 2020 年 5 月 31 日,全国参与疫情防控的注册志愿者达到 881 万人,志愿服务项目超过 46 万个。""另有 1300 多万党员志愿者和数以百万计未注册的境内民间志愿者与海外华人华侨和留

---

① 韩俊魁、邓锁、马剑银等:《中国公众捐款:谁在捐·怎么捐·捐给谁》,社会科学文献出版社 2020 年版。
② 翟雁、朱晓红、张杨:《2021 年度中国志愿服务发展指数报告》,载杨团、朱健刚主编:《慈善蓝皮书:中国慈善发展报告(2022)》,社会科学文献出版社 2022 年版。
③ 杨团主编:《慈善蓝皮书:中国慈善发展报告(2020)》,社会科学文献出版社 2020 年版。
④ 国务院新闻办公室发布,载中华人民共和国中央人民政府网站,http://www.gov.cn/xinwen/2020-06/07/content_5517737.htm,最后检索时间:2022 年 2 月 16 日。

学生志愿者，在全国各地和互联网上参与了抗疫志愿服务，共计约有 2300 万名中国志愿者为疫情防控贡献志愿服务时间 7.59 亿小时，相当于无偿提供 94.9 万名全日制抗疫工作者。"① 无论面对重大灾害的应急救援，还是在疫情防控常态化的应对中，志愿服务都贡献了重要力量。从一定程度上，甚至可以说，一系列灾害以及重大公共卫生事件，推动了志愿服务的发展，也推动了志愿服务在社会救助工作中发挥愈加重要的作用。2020 年，中共中央办公厅、国务院办公厅印发的《关于改革完善社会救助制度的意见》中明确要"积极发展服务类社会救助，形成'物质 + 服务'的救助方式"。据此，服务型社会救助将成为社会救助工作的重要内容。

二、慈善事业参与社会救助的成效 ②

如前所述，慈善救助在教育救助、医疗救助、生活救助、灾害救助等领域均发挥了重要作用，本节将以贫困救助为核心，围绕由此而产生的教育救助、医疗救助等介绍慈善组织参与社会救助取得的成效。

首先，慈善组织在国家扶贫战略中有效凝聚了力量、链接了资源。2017 年国务院扶贫开发领导小组印发《关于广泛引导和动员社会组织参与脱贫攻坚的通知》，民政部配套出台了一系列文件，鼓励社会组织参与产业扶贫、教育扶贫、健康扶贫、易地扶贫搬迁、医疗救助、志愿扶贫等重点领域扶贫工作。据不完全统计，2018 年至 2020 年，全国社会组织参与脱贫攻坚、消费扶贫累计投入 54.06 亿元，实施项目 90124 个。社会组织自身及引入各类资金投入总额达 1245.18 亿元，其中，全国性社会组织投入 518 亿元，在"三区三州"等深度贫困地区投入 46.24 亿元。受益人口达 1.1 亿人次，其中，建档立卡贫困人口为 1282.81 万人 ③。

---

① 翟雁、辛华、张杨：《2020 年中国志愿服务发展指数报告》，载杨团、朱健刚主编：《慈善蓝皮书：中国慈善发展报告（2021）》，社会科学文献出版社 2021 年版。

② 在本节表述中，根据统计数据的口径，统一使用"社会组织"概念。根据本书概念界定，参与扶贫、医疗救助的社会组织都是广义上的慈善组织。

③ 赵宇新：《阔步走在中国社会组织发展之路上——"十三五"时期社会组织工作综述》，《中国社会报》2020 年 12 月 24 日。

在产业扶贫方面，全国性行业协会、商会与相关科技类社会组织，通过参与贫困地区特色产业发展，搭建产销平台，把贫困地区特色产品销售出去，推动了贫困地区的电商扶贫。2018年，全国性社会组织开展产业扶贫项目达到404个，投入资金达24亿元，引导各类企业产业投入超过100亿元。如中国优质农产品开发服务协会、中国蔬菜协会和中国农产品市场协会，从北方当地实际情况出发，推广科技产业大棚，助力河北省环京津28个贫困县共同参与产业脱贫，为当地产业发展和脱贫攻坚发挥了重要作用[1]。

在教育扶贫方面，全国性社会组织特别是基金会，广泛参与实施了教育扶贫结对帮扶、扶贫助学等项目，在落实国家教育扶贫工作中发挥了重要作用。科技类社会组织通过在贫困地区开展科学普及和相关培训，增强了贫困地区教育培训能力和师资水平，帮助贫困人群掌握职业技能和致富技术，增强其就业本领，提高脱贫能力。2018年，全国性社会组织在教育扶贫方面开展的项目超过400个，投入资金达39亿元。如中国教育发展基金会自2017年以来，在云南、青海、新疆、西藏多地开展教育助学助教等扶贫工作，累计投入资金6686万元。中国儿童少年基金会开展"春蕾计划"等助学扶贫工作，2017年以来累计投入约1.3亿元[2]。

在易地扶贫搬迁方面，全国性社会组织通过发挥专项建设规划、心理疏导、关系调适等方面的优势，参加扶贫新农村建设，帮助搬迁群众发展生产、促进就业，促进搬迁群众融合适应，提高脱贫能力。据统计，全国性社会组织参与易地扶贫搬迁的基础性项目建设156个，投入资金超过11亿元，在搬迁村开展其他各类项目37个，投入资金近2亿元[3]。

从具体模式上看，慈善事业参与扶贫，一是本地社会组织本地扶贫，例如，四川省民政厅召开全省性社会组织参与深度贫困县脱贫攻坚动员会，

---

[1] 赵宇新：《阔步走在中国社会组织发展之路上——"十三五"时期社会组织工作综述》，《中国社会报》2020年12月24日。

[2] 付梵：《成绩闪亮 方式多样 民政部引导规范社会组织助力脱贫攻坚》，《中国民政》2019年第14期。

[3] 同上。

设立 4500 万元"种子基金",即自 2018 年至 2020 年每年安排 1500 万元,作为"种子基金"引导全省性社会组织参与深度贫困县脱贫攻坚工作,35 家全省性社会组织积极响应号召,与 45 个深度贫困县签订帮扶协议,通过技术指导、人才培养、机构培育等措施实施脱贫攻坚,培育并带领深度贫困地区社会组织和当地人才队伍打赢脱贫攻坚战。二是一些经济发达地区充分采取集中引导、财政支持、对口支援等方式,将本地社会组织引导到贫困地区参与扶贫。例如,上海市民政局协助上海市政府合作交流办公室,制定《上海市对口支援与合作交流专项资金资助社会力量参与对口支援工作的实施细则(试行)》,以对口支援专项资金资助的方式,鼓励在上海市民政部门登记的社会组织参与东西部扶贫协作和对口支援。这些社会组织在其对口支援的 7 个省区市、19 个地州市、98 个贫困县开展的社会公益项目,极大地激发了社会组织参与脱贫攻坚的活力。[1]

在医疗救助方面,药品援助是慈善事业参与医疗救助的重要方式[2]。2017 年,由 198 家机构开展实施的 399 个针对患者个人的救助项目,总支出为 256.68 亿元,其中药品援助达到了 230 多亿元。根据收集到的信息,截至 2021 年,我国 141 个药品援助项目主要由 17 家慈善(社会)组织发起执行。其中,中国初级卫生保健基金会发起了 46 个药品援助项目,然后中华慈善总会发起 18 个,中国癌症基金会发起 11 个。其他发起药品援助项目较多的基金会还有北京仁泽公益基金会(10 个)、红心相通公益基金会(9 个)、北京康盟慈善基金会(8 个)等。这些都是我国参与医疗救助的主力慈善组织。根据中国社会组织公共服务平台的数据显示,组织章程和实际业务领域同医疗救助相关的基金会超过 1000 家,截至 2019 年 7 月 10 日,开展医疗救助相关业务的 206 家慈善组织(包括基金会及慈善会)总注册资金达到 39.3 亿元,覆盖病种 98 个(类)。

---

① 王学军:《脱贫攻坚社会组织在行动》,《慈善公益学报》2018 年 12 月 30 日。

② 栾翔凌、王海伦:《药品援助:社会力量参与医疗慈善救助的重要模式》,《中国发展简报》2019 年 11 月 6 日。

三、制度化建设状况

我国慈善事业参与社会救助的制度化建设表现在以下几个方面。

一是出台、修订与《慈善法》相配套的政策。自2016年《慈善法》出台以来，我国相继于2017年修订了《中华人民共和国红十字会法》、颁布实施了《志愿服务条例》；截至2022年底，民政部联合其他部门共出台了13项与《慈善法》相配套的政策，涵盖了慈善组织认定登记、信用管理、志愿服务、慈善组织信息公开、慈善财产保值增值等多方面内容，基本构建起了我国慈善事业的制度体系，促进了慈善事业的发展（见表3-2）。以《慈善组织保值增值投资活动管理暂行办法》为例，它对我国慈善资产管理具有重要意义，2019年因此被称为"慈善资产管理元年"，预期未来将逐步改善我国慈善资产投资行为保守的现状。

表3-2　与《慈善法》相配套的政策汇总

序号	名称	实施日期	出台部门
1	《公开募捐平台服务管理办法》	2016.9.1	民政部、工信部、国家新闻出版广电总局、国家网信办公室
2	《慈善组织认定办法》	2016.9.1	民政部
3	《慈善组织公开募捐管理办法》	2016.9.1	民政部
4	《关于慈善组织开展慈善活动年度支出和管理费用的规定》	2016.10.11	民政部、财政部、国家税务总局
5	《慈善信托管理办法》	2017.7.26	银监会、民政部
6	《慈善组织信息公开办法》	2018.9.1	民政部
7	《公开募捐违法案件管辖规定（试行）》	2018.11.30	民政部
8	《社会组织信用信息管理办法》	2018.1.24	民政部
9	《慈善组织保值增值投资活动管理暂行办法》	2019.1.1	民政部
10	《关于对慈善捐赠领域相关主体实施守信联合激励和失信联合惩戒的合作备忘录》	2018.2.11	国家发改委、人民银行、民政部、中央文明办等40部门
11	《慈善组织互联网公开募捐信息平台基本技术规范》	2017.8.1	民政部
12	《慈善组织互联网公开募捐信息平台基本管理规范》	2017.8.1	民政部
13	《"中华慈善奖"评选表彰办法》	2019.9.2	民政部

二是机构设置调整。2018 年 4 月 27 日，中国慈善联合会向民政部提交了《关于进一步促进慈善事业发展的建议》，明确提出："建议民政部门抓住机构改革的契机，进一步重视慈善事业，成立慈善事业促进司，完善服务指导职能、提升位置、增强力量，形成高效专业的慈善事业服务格局。"该建议受到民政部的高度重视。2018 年 12 月 31 日，中共中央办公厅、国务院办公厅发布《关于印发〈民政部职能配置、内设机构和人员编制规定〉的通知》，民政部新设立慈善事业促进和社会工作司，主要职能是：拟订促进慈善事业发展政策和慈善信托、慈善组织及其活动管理办法等。慈善事业促进和社会工作司的成立，标志着慈善事业被提到前所未有的高度，有利于加强慈善事业的顶层设计、整体规划和统筹协调，以形成更加完备、更加成熟的慈善制度。

三是志愿服务的制度化、标准化发展进程加快。2017 年国家颁布《志愿服务条例》后，志愿服务进入了良性发展的轨道；在《志愿服务条例》之后，截至 2021 年底，已经有北京、江苏、广西、广东等 16 个省、自治区、直辖市重新出台或者修订了地方性志愿服务法规[①]，志愿服务立法统一进程持续加速。2018 年，民政部发布《关于做好志愿服务组织身份标识工作的通知》。2019 年，《志愿服务基本术语》和《志愿服务组织基本规范》标准编制工作稳步推进；10 月，党的十九届四中全会明确要求健全志愿服务体系；12 月 5 日，民政部公布《志愿服务记录与证明出具办法（征求意见稿）》，征求社会各界意见。随着一系列政策的贯彻落实，2020 年志愿服务的制度化和标准化形成初步体系，从而全面助推我国志愿服务事业向专业化方向发展。

值得一提的是，2021 年《中华人民共和国乡村振兴促进法》出台，标志着乡村振兴工作从国家战略上升为国家法律；同时，慈善事业作为第三次分配制度的核心之一，与实现乡村振兴必将形成新的合力，以推进共同富裕。从这个角度来讲，乡村振兴的战略升级也必将对慈善事业，以及慈善事业的制度化建设产生影响。

---

① 闫薇：《汇集慈善社工力量推进民政"三基"服务——2021 年慈善、社会工作、志愿服务发展综述》，《中国社会报》2021 年 12 月 27 日。

第三节　慈善事业参与社会救助的特征

2002 年 8 月，习近平在福建省慈善总会第一次代表大会上的讲话中指出，要通过组织慈善活动，动员社会力量，筹集社会资金，开展多种形式社会救助。伴随信息技术的飞速发展，慈善事业参与社会救助的渠道与形式更加多元化；不仅如此，慈善事业从作为社会保障的补充者，到第三次分配的重要方式，助推共同富裕，更加明确的定位也为慈善事业参与社会救助的制度化发展指明了方向。

一、响应政府政策引导

自 2017 年 10 月党的十九大报告提出要坚决打赢脱贫攻坚战起，扶贫救灾类项目整体态势与热度就不断升高。数据显示，我国慈善捐赠主要流向教育、扶贫、医疗三个领域，而 2018 年扶贫捐赠首超医疗，反映出慈善资金的流向受社会政策的影响较深。扶贫攻坚战略实施以来，北京、上海、山东、广东、浙江等地的民政部门纷纷采取行动，引导本省市社会组织参与到对口帮扶的扶贫地区开展形式多样的扶贫攻坚工作。在杭州，为加快引导社会力量参与社会救助，完善多维度精准帮扶机制，促进社会组织个案帮扶与政府社会救助的有效衔接，民政部门组织召开"党建引领·社会组织参与社会救助"业务培训会议；天津市民政局向全市慈善组织发出助力脱贫攻坚倡议，动员慈善组织认领公益帮扶资金 3500.49 万元，市属社会组织已与天津市对口的 46 个挂牌督战村全部达成结对关系，涉及慈善类社会组织 96 家，认领项目 55 个，资金总额达 420.48 万元，帮扶领域涵盖扶老助老、助学助教、扶残助残、医疗卫生等诸多方面。

二、网络慈善成主流

以腾讯"99 公益日"为代表的网络募捐蓬勃发展。随着互联网、大数据等信息技术的高速发展，"互联网 + 慈善"已经成为公益慈善事业新的增长点。公众参与慈善的形式更加多元化，极大拓展了慈善事业的资金来源。在此背景下，各地慈善会系统的资源动员能力不断增强。以 2020 年为例，慈善会系统接受社会捐赠总量为 344.02 亿元，比 2019 年增加了 59.18 亿元，然而中华慈善总会年度捐赠收入仅为 73.57 亿元，持续走低。除中华慈善总会外的地方慈善会全年捐赠收入持续升高，支撑了慈善会系统社会捐赠额的增长 [①]。地方慈善会募捐形式灵活多样，体现了很强的动员能力，对扩大地方慈善会募捐规模发挥了积极作用。特别是地方慈善会在腾讯"99公益日"中有着出色的表现，2019 年，在腾讯公布的公募机构筹款排行榜前十名中有 5 家地方慈善会；排行榜首的重庆市慈善总会共筹集善款 1.31亿元 [②]。

三、慈善救助体系化

"在所有慈善组织中，只有慈善会系统建立起了六级服务体系"。尤其在经济发达的东部地区城市，江苏、广东、浙江等省份主要城市的慈善会系统已经从市级、区县级向下延伸至街道、乡镇，甚至触及社区、村的层面，一张以各县（市）、区慈善总会为龙头、各镇（街道）慈善分会为依托、各村（居）慈善工作站为延伸的基层慈善组织网络遍布城乡，在整合社会资源、提供慈善服务方面发挥了重要作用。此外，在各级地方政府的支持下，以公益孵化园、慈善类社会组织服务中心为代表的各类慈善组织服务平台逐渐规模化。例如，早在 2013 年，上海就已经建成 18 个社会组织孵化基地及创新园区，包括助老养老、残疾人就业帮扶、弱势群体教育、社区融合等领域的各类慈善组织在园区落地，"产出"社会效益。

---

① 杨团、朱健刚主编：《慈善蓝皮书：中国慈善发展报告（2022）》，社会科学文献出版社2022 年版。

② 杨团主编：《慈善蓝皮书：中国慈善发展报告（2020）》，社会科学文献出版社 2020 年版。

四、社会救助服务专业化

对特殊人群的特殊帮扶需求、个体求助者个性化的社会救助需求，需要专业慈善力量的介入，引入专业机构、专业人才是社会力量参与社会救助服务的一大特点。一方面，慈善组织依托专业的能力建设机构提升专业能力和管理水平。近年来，专业的能力建设机构不断出现，较为知名的包括恩派公益组织发展中心、上海映绿公益事业发展中心、恩玖信息咨询中心、中国国际民间组织合作促进会、社区参与行动服务中心等。这些专业的能力建设机构与政府、慈善基金会等机构合作，在各地成立公益组织服务园，为慈善组织尤其是基层慈善组织搭建沟通合作平台，培养专业人才。另一方面，随着持证社会工作者数量的增加，以专业社工人才为支撑的公益志愿服务团队、慈善类社会组织不断涌现，成为慈善救助服务的重要力量来源。

第四章
慈善救助与政府救助的衔接模式

在实证调研过程中，笔者收集到大量案例资料，生动地呈现了慈善事业与社会救助之间的衔接现状。为将此衔接现状系统再现，本书决定采用马克斯·韦伯的"理想型"概念，对不同案例呈现出的衔接模式进行归类。"理想型"作为一种工具，意在根据案例中的关键要素将其抽象化为类型概念，并将该案例作为类型代表，以"使自己离开现实而又以此起到认识现实的作用"①。对衔接模式进行"理想型"的总结和划分，在概念抽象上通常以某些案例呈现出的典型特点为核心。对这种类型进行归纳，难免遗漏现实中的部分细节，这不仅是"理想型"这一工具的自身局限性，也受到收集资料与案例规模的限制。

第一节　分析框架与分类标准

政府救助与慈善救助的衔接，可以归结为三个方面：衔接主体、衔接内容与衔接过程。其中，衔接主体聚焦于"谁来衔接"；衔接内容着重于"衔接什么"的问题；衔接过程则意在说明"如何衔接"。三个方面分别对应分析框架的三个层次：衔接主体的互动、救助要素的整合以及情境定位。下面将从概念界定入手，搭建并介绍全文的分析框架。

①　［德］马克斯·韦伯：《经济与社会》，林荣远译，商务印书馆2004年版。

一、"衔接"相关概念界定

（一）衔接主体

衔接主体也称"主体衔接"，本书从互动论视角出发，将政府与慈善组织之间的衔接，界定为两大救助主体之间的互动。同为救助主体，政府与慈善组织的救助定位不同：政府救助职责法定，慈善救助则是慈善组织对自身宗旨与价值的追求。从组织目标角度，相对政府救助的刚性目标，慈善救助相对灵活。而"衔接"作为一种特殊的合作形式，本身包含顺序性的含义，表现为救助主体组织目标的优先级：当政府救助目标优先时，主体互动表现为以政府为主导；当慈善救助目标优先时，主体互动则表现为慈善组织占据主导地位。

（二）衔接内容

政府救助是以政府为责任主体的法定社会救助，慈善救助则是以慈善组织为主体的慈善事业的重要内容。二者在救助主体、救助理念、救助原则、救助管理等方面均存在较大差异，唯有在救助过程方面具有一致性。所以，本书讨论的救助衔接意为发生在救助过程中的衔接。为讨论的方便，将政府与慈善组织的救助过程划分为救助对象识别、救助资源支持与救助效果达成三个阶段。三个阶段的达成所依赖的核心即救助要素，分别是信息、资源、公信力[①]：识别救助对象获得的是信息要素，救助资源支持依赖的是资源要素，公信力则是保障救助效果达成的关键要素。所谓衔接内容，是指在救助过程中，政府和慈善组织分别掌握的救助要素在二者之间的流动整合。

（三）衔接过程

"情境（性）定义（位）"是社会学中的经典概念，用于对个体互动的分析[②]。本书采用安东尼·吉登斯在《社会的构成：结构化理论大纲》中对"情境性"的界定："互动定位在具体时空中的特征，包括互动的场景、共

[①] 救助效果的达成是一个复杂的议题，受到多方面条件的制约，为行文的方便，这里只提出一种能够对救助效果产生显著影响，并能在不同救助主体之间流动的要素——公信力。

[②] ［美］欧文·戈夫曼：《日常生活中的自我呈现》，冯钢译，北京大学出版社 2008 年版。

同在场的行动者，以及他们彼此之间的沟通。"[①] 分析讨论在不同的情境定位[②] 下，政府与慈善组织之间不同的互动过程。至于社会救助中的情境定位，2020 年民政部、财政部起草的《社会救助法（草案征求意见稿）》列举了包括最低生活保障在内的十项救助项目，不同的救助项目所涉救助制度以及执行情况参差不齐，导致政府救助与慈善救助在不同救助项目的救助领域中存在不同衔接实践。据此，以法定救助项目为基础的救助领域可作为情境定位，政府救助与慈善救助之间的衔接过程则是不同情境定位之下的"情境性互动"。

二、四种衔接模式的划分

理论上，政府与慈善组织之间的互动结果，即组织目标优先级的组合形态有四种：双重（方）组织目标优先、双重（方）组织目标非优先、政府组织目标优先（慈善组织目标非优先）以及慈善组织目标优先（政府组织目标非优先）。组织目标优先级的不同组合，决定了救助要素的不同流动方向：双重组织目标优先，则救助要素表现为双向来源整合；某一组织目标优先则表现为救助要素单向该组织的流动。需要说明的是，双重组织目标非优先的状况，是在救助衔接过程中发生了组织目标替代[③] 情形，救助要素仍然表现为双向来源整合。但由于并非自身组织目标优先，政府与慈善组织在形成衔接时多表现为被动地位。基于此，本书确定了四种衔接模式：主动双向型衔接模式、政府主导型衔接模式、慈善主导型衔接模式、被动双向型衔接模式。

四种衔接模式分别对应不同的救助情境定位（如表4—1所示）：主动双向型衔接模式多发生于以"保基本"为定位的基础救助领域，包括草案中的最低生活保障、特困人员救助等救助项目，该类救助项目在我国运行时间

---

① ［英］安东尼·吉登斯：《社会的构成：结构化理论大纲》，李猛译，生活·读书·新知三联书店 1998 年版。

② "情景定位"与"情境性"是吉登斯著作中反复出现的概念，翻译过程中通常按照"异源同义"理解，本书也从同义的角度理解和运用这两种表述。

③ 即第三方组织目标替代了形成衔接的政府与慈善组织目标，后文将通过案例对此进行解释。

长、制度较为完善，形成了成熟的、长效的双向衔接合作；政府主导型衔接
模式多发生于以"救急难"为定位的紧急救助领域，以草案中的受灾人员救
助为代表，该类救助尽管鼓励慈善力量介入，但基于灾害的特殊性，政府默
认承担兜底性职责，表现为衔接中的政府主导；慈善主导型衔接模式则以政
府表现弱势的专项救助领域作为核心情境定位，包括草案中的教育救助、医
疗救助等，作为慈善资源的主要流入领域①，慈善救助在其中发挥了主导作
用；被动双向型衔接，顾名思义，双方就衔接达成均非积极主动，通常对应
的是草案中并未明确列举的非法定救助领域，本书将其命名为"特殊救助"，
在特殊救助领域，政府与慈善组织的救助责任并无清晰界定，而是基于第三
方力量形成必要的双向衔接。

表 4—1　四种衔接模式的划分

衔接模式	主体互动	救助要素	情境定位
主动双向型	双重组织目标优先	双向来源整合	基础救助
政府主导型	政府组织目标优先	单向政府流动	紧急救助
慈善主导型	慈善组织目标优先	单向慈善组织流动	专项救助
被动双向型	双重组织目标非优先	双向来源整合	特殊救助

第二节　慈善救助与政府救助衔接的四种模式②

根据四种衔接模式的界定，本书从四类救助领域中分别选取典型案例，

① 中国慈善联合会发布的中国年度慈善报告（http://www.charityalliance.org.cn/givingchina.jhtml，
访问日期：2023年10月11日）显示，教育、医疗以及扶贫三个领域是慈善捐赠的主要流向。
② 关于本节涉及的9个案例来源，作如下说明：案例1中央财政支持社会组织参与社会服务
项目与案例2Y街道困难群众救助服务所委托经营，均是笔者参与中期评估或者结项评估的项目，
后期笔者对案例进行了编辑整理；案例6免费午餐项目与案例8中盖艾滋病防治项目，是笔者开展
课题调研过程中发掘的案例，依照研究需要对案例进行了编辑整理；案例3青海玉树地震救灾、案
例4鲁甸地震救灾与案例5武汉抗疫最初来自网络新闻，后通过课题调研对案例进行了编写完善；
案例7湖南事实孤儿救助与案例9成都扶贫助残均来自北京七悦社会公益服务中心的案例库，本书
在原有案例的基础上进行了重新编辑，压缩了原有案例的篇幅。

围绕衔接主体互动、衔接内容（救助要素流动）以及情境性定位三个方面对四种衔接模式进行描述性分析，以体现不同衔接模式的特征。需要强调的是，四种衔接模式的划分不仅来源于理论演绎，更是对衔接实践的总结与反思；但是实践情况错综复杂，救助情境与救助模式并非完全一一对应，常常是各种模式的混合。为研究方便，去繁从简，本章仅讨论该救助情境之下的典型衔接模式。另外，在采编案例时，笔者就案例中与本书不相关的内容进行了删减整理。

一、主动双向型衔接模式

主动是指就衔接的达成而言，双方具有共同的积极意愿。主动双向型衔接是最为常见和主流的衔接模式，表现为：第一，该模式通常存在于比较成熟的救助领域，比如基本生活救助；第二，该模式操作规范，存在既定的法律法规，以及相应的合同文件，对衔接内容、方式等进行了明确界定，也可称之为书面契约衔接模式。实践中的政府购买服务是典型的主动双向型衔接模式。其中，政府根据采购目录与自身需求，主动发起购买服务要约；符合条件的救助服务供给主体，这里主要指相关社会组织或者慈善组织，结合自身能力积极回应要约，最终订立符合双方意愿的购买合同。具体到社会救助领域，政府作为购买主体，依照《政府购买服务管理办法》，通过公平竞争择优确定承接主体，形成主动双向型衔接合作。

以政府购买为代表的主动双向型衔接模式，是当前发展最为完善的衔接模式。不仅从中央到地方制定了管理办法与采购目录等相关政策法规，在购买服务的具体方式如招投标等环节都在逐渐完善。各级地方政府以及不同的政府职能部门每年财政预算中都有一定的购买服务资金。以北京市F区为例，根据对该区相关负责人的访谈得知，该区的政府购买服务资金逐年攀升，而且服务覆盖范围不断扩大。

从2010年到现在，搞了5年的购买服务，参与的数量越来越多，资金的投入越来越多，项目越来越多。2010年拿出90万元，制定11个项目。2014年拿到66个项目，拿出697万元。2015年拿出 608 万元，拿到 51 个项目。……我们统计了一下，从 2010 年到现在共有 3000 万元（市区两级），服务项目将近 600 个，其中不少是持续性的服务项目。[①]

不仅市区两级，发展到现在，北京市的基层社区层面都有社区公益金用于购买社区服务项目。所以，政府购买服务从省部级到社区，已经遍布各个层级，以及全国大部分地区。政府购买服务的操作流程通常依据相关法规或者由购买方制定，在这里不做赘述。

政府购买岗位，顾名思义，购买的对象是岗位，不同于服务。实际上，政府购买岗位与购买服务并无本质差别。在通常情况下，政府购买服务以"项目"形式开展，如《浙江省政府向社会力量购买服务指导性目录（2020 年度）》将困境儿童保障等纳入政府购买服务目录，在操作上则由各申请单位就困境儿童保障进行项目设计，形成项目申请书并参加项目招投标。而购买岗位，则是政府以明确的工作岗位与工作职责进行招标。如2018 年下半年，北京市海淀区社工委曾发布商务楼宇购买专职社工岗位招标公告，完成该招标岗位工作内容的过程也是提供服务的过程。因此，购买服务与购买岗位，只是招标的形式不同，实际上都能够落实到社会服务层面。

在政府购买之外，常见的主动双向型衔接模式的实现方式还有财政补贴与委托经营。这三种方式在实践中操作具有强关联性：比如由于财政支持资金的变化，政府购买服务项目可能会变为财政补贴，或者相反（财政补贴转变为政府购买服务）；以及依靠政府购买服务或者财政补贴项目建立起来的合作关系，为委托经营打下基础，后文中的案例 2 即为该种情况——由政府购买服务转为委托经营。不同的实现方式之下，核心不变的是衔接双方——政府与慈善组织是主动形成的，救助要素双向来源整合的，集中于基础救助领域的衔接模式。

---

① 资料来源：根据访谈录音整理；访谈人：课题组成员；访谈对象：北京市 F 区某相关部门主管人员；访谈日期：2015 年 9 月。

（一）主动双向型衔接模式的案例简介

在主动双向型衔接模式下，本节将采用两个典型案例描述现状。其中，案例1是中央财政支持社会组织参与社会服务项目。之所以选择这个案例，是因为这个项目是依托中央财政专项资金、在全国范围内开展的、财政补贴性质的项目，具有覆盖范围广、项目周期长的特点。因此，其中涉及了多地多个基础救助领域的衔接实践，不仅呈现了主动双向型衔接模式的特征，而且体现了政府的政策导向。

案例 1

中央财政支持社会组织参与社会服务项目。它是由中央财政划拨专项资金支持社会组织开展活动的项目。该项目起始于2012年，由民政部设立专项领导小组负责该项工作。具体做法是，每年由民政部制定印发面向全国的项目实施方案，明确本年度项目财政资金预算总额度（每年2亿元左右）、资助范围、资助项目类型、数量和标准以及资助条件等，并就项目申报流程等进行规定。可以将年度实施方案理解为面向全国社会组织的招标书，只要符合要求即可自拟项目进行申报，之后经过评审、立项、项目管理检查、审计、评估等一系列环节监督社会组织完成社会服务项目。至此，该项目与常规的政府购买服务项目并无差别。关键不同在于，根据《中央财政支持社会组织参与社会服务项目资金使用管理办法》的规定，"中央财政对于有地方政府投入和社会资金资助的项目优先给予支持"。社会组织立项后，通常需要自行解决配套资金。这也是该项目的目的，在支持社会组织参与社会服务之外，带动社会资金流向。

实践中，财政补贴方式相较于政府购买服务，较为罕见。为体现案例的代表性，本节另外选取了Y街道困难群众救助服务所委托经营案例，说明在基础救助情境之下，以最低生活保障制度为基础的，基层政府与慈善组织之间形成的主动双向衔接。尽管称为"委托经营案例"，实际上，案例中的 Y 街道与 R 社会工作事务所也经历过政府购买服务的合作阶段。可以说，案例 2 覆盖了政府购买服务与委托经营两种衔接形式，实践中也较为常见，是主动双向型衔接模式中的典型案例。

案例 2

　　Y 街道困难群众救助服务所（以下简称"困服所"）的委托经营案例。作为 B 市民政局的直管单位，B 市困难群众救助服务指导中心主要负责本市困难群众救助政策的咨询服务以及救助工作情况收集、数据统计；承担低收入家庭经济状况信息数据库的建立、维护和经济状况查询。街道困服所是市困难群众救助服务指导中心的基层执行机构，面向本辖区内的低保低收入等困难家庭，侧重于对最低生活保障人群的服务性救助。Y 困服所是 Y 街道的下设机构，主要工作是运用专业的社会工作方法在本辖区内困难群众范围内开展服务性救助。由于 Y 街道岗位编制有限以及对社会工作专业服务能力的要求，Y 困服务所的主体工作一直通过政府购买服务形式，交由 R 社会工作事务所承接，双方签订政府购买合同。基于良好的合作基础以及调试性合作策略[①] 的应用，Y 街道于 2021 年作出决定，将困服所业务委托给第三方进行社会化运营，经过发布招标公告、现场竞标、结果公示等一系列程序之后，R 社会工作事务所顺利取得运营权，并与 Y 街道困服所签订了委托经营合同，其中规定了年度服务指标。以 2023 年为例，主要服务指标有：服务类帮扶 60 个（家庭），每个服务 2 次；个案服务 12 个（家庭），每个服务 12 次；小组活动覆盖 10 个社区，每个社区至少 3 个小组，每个小组活动不少于 3 次；社区宣传活动 3 次；困难群众回访 4 次等。实际上，每个街道困服所的年度服务指标数量不等，依据街道困难群众基数相应的比例确定，具体到每个街道困服所每年的服

---

　　① 郁建兴、沈永东：《调适性合作：十八大以来中国政府与社会组织关系的策略性变革》，《政治学研究》2017 年第 3 期。

060

务指标也不尽相同。目前，Y街道困服所与R社会工作事务所每年就委托经营具体内容签订合同。

（二）主动双向型衔接模式的特征

主动双向型衔接是实践中较为常见的慈善事业与社会救助衔接的模式，学界对主动双向型衔接下的政府购买服务从不同角度进行了较为广泛的研究。本书倾向于从慈善组织与政府衔接的角度来分析，主要有以下几个特征。

第一，政府积极发起促成主动双向型衔接模式。主要有综合政府购买服务、政府购买岗位、委托经营以及财政补贴等几种方式，主动双向型衔接通常是以政府发起招标的方式开启。如案例1中提到的，民政部每年发布的中央财政支持社会组织参与社会服务项目实施方案，就起到招标公告的作用。在案例2中，为促进居民自治，在政府资金到位的情况下，则要求居民发现问题，提出项目方案。同样是政府主动开启与居民自组织的衔接。因此，在主动双向型衔接模式下，政府会根据自身需求，把自己做不好、做不了或者重点要做的工作，通过支付资金的方式分担给慈善类社会组织、慈善组织等承担，实现政府职能转变。主动双向型衔接模式中包括但不限于基本公共服务，其中，社会救助工作是政府购买指导目录中的重要内容。因此，相对于其他衔接模式而言，在主动双向型衔接模式中，政府的衔接动力较足且呈现积极状态。

第二，慈善组织对与政府衔接主动配合。从政府购买实践来看，如果将政府比作发包商，则慈善组织、慈善类社会组织等可被看作承包商。通过承接政府项目，既能获得资金支持，又能提高组织能力，更重要的是对政府项目的承接也是积累组织公信力的重要途径。因此，对慈善组织来说，政府购买对自身发展有利，会主动配合。主要表现为，慈善组织等通常以项目申请书或者其他投标方式竞争性地实现与政府的合作，正如案例2中所述。根据国际惯例，慈善组织等非营利组织的资金来源中，来自政府部分为三分之一到二分之一左右①。而据笔者的调研，对于绝大多数中国非营利组织，尤其是承接政府购买的民办非企业单位（社会服务机构），资金来源严重依赖政府，甚至达到如果没有政府购买（服务）就难以存活的地步。这也可以证明，政府购买项目对慈善组织来讲，属于竞争性稀缺资源，要主动争取才能得到。

第三，主动双向型衔接模式运作规范，可大范围推广。从《国务院办公厅关于政府向社会力量购买服务的指导意见》（2013年）、《政府购买服务管理办法》（2020年），到《江苏省政府向社会组织购买服务实施办法（征求意见稿）》（2015年）、《北京市政府购买服务预算管理办法》（2019年）等一系列政策法规表明，政府购买已在全国范围内推广。在社会救助领域，政府购买也有专门的政策法规，从民政部等部门发布的《关于积极推行政府购买服务　加强基层社会救助经办服务能力的意见》（2017年），到各地方具体执行法规，从购买主体、购买内容、承接主体、购买机制、经费保障、绩效评价等方面均进行了明确规定，强调了操作的规范化，以及保障组织实施的各项条件。从政策到实践，主动双向型衔接模式日趋成熟完善，并得以大范围推广。同时，由于大范围推广，主动双向型衔接模式在技术以及理念层面都愈加成熟完善，形成马太效应。

（三）主动双向型衔接模式的衔接机制

根据本书对衔接机制宏观、中观、微观的分层次理解，本部分也将从这三个层面来分析主动双向型衔接模式下的衔接机制。

1.宏观层面的衔接

从宏观层面来讲，作为购买主体的政府与作为承接主体的慈善组织（社会组织）共同组成广义社会救助领域的主体。在多元共治理念下，政府购买方式中的慈善力量是政府通过购买方式动员起来的，基于合作的共意性，二者在对救助的共同治理中是平等合作关系。但是，基于我国社会组织的发展现状，在政府购买方式中的慈善组织等力量对政府存在严重的资源依赖现

---

① 王名主编：《社会组织概论》，中国社会出版社2010年版。

象。这也导致了在购买合同中书面上看起来是平等的合作，但在实践中通常由政府主导，即政府处于优势地位，慈善组织则处于依附性的弱势地位。

2. 中观层面的衔接

从中观层面来讲，慈善事业、社会救助两大独立板块的衔接方式是通过政府购买形成的。具体来讲，以政府需求为起点，通过市场机制运作，形成衔接，即政府根据自身的工作需要，就某些岗位、服务甚至整块业务需求进行公开招标，而慈善组织、社会组织等则通过投标竞争的方式成为服务、岗位等的供应者。这样就形成了市场调节下的政府购买衔接模式。

3. 微观层面的衔接

主动双向型衔接作为主流而且规范的衔接模式，衔接实践也促进了制度的完善，或者说，推进了制度衔接，主要表现为：在中央层面，《政府购买服务管理办法（暂行）》（2014 年）已发展为正式的《政府购买服务管理办法》（2020 年）；在社会救助领域，以民政部等部门发布的《关于积极推行政府购买服务　加强基层社会救助经办服务能力的意见》（2017 年）为核心，包括各地方的实施意见，为政府购买社会救助服务，实现政府救助与慈善救助衔接，提供了完善的政策与法律依据。下面将以案例 2 中的北京市朝阳区福彩公益金社会救助项目为例，具体分析在政府与社工机构的主动双向型衔接模式中，如何进行要素衔接。

在识别阶段，政府提供框架性信息，包括救助对象是朝阳区内户籍居民，并且属于低保、低收入等困难群体或者边缘群体；至于具体的服务社区，具体的服务对象，具体的服务方式、服务类型与预期效果等，由参与投标的社工机构自行确定，并明确在项目建议书中；体现在信息要素上，政府先行框定救助对象信息范围，社工机构在此基础上进行精细化识别，表现为救助信息台账的完善。

在支持阶段，政府提供并保证资金支持，社工机构提供人力资源完成专业救助服务及其他事务，体现在资源要素上。救助支持阶段就是社工机构将政府资金资源转化为服务资源的过程，这既是救助过程中的核心阶段，也是核心救助要素，表现为"服务"化的救助方式。

在救助效果的保证方面，社工机构通常选择在"相熟"的社区执行该项目。"相熟"意味着社工机构与落地社区之间存在一定的信任关系，起码能保证其在前期项目申请阶段得到信息、数据等资料上的支持。后期项目执行阶段，则需政府公信力加持，才能保证项目开展过程中救助对象及社区层面的配合；所以，在公信力要素上，是以社工机构自身的社会资本作为前提和基础，政府公信力作为后续衔接，共同推动项目顺利开展。

此外，慈善组织等民间力量在承接政府购买的过程中，不仅在项目执行时会承接政府公信力，长期执行政府项目还会增强自身公信力。这也是公信力转移的一种表现。所以，主动双向型衔接模式是资金、人力资本、公信力等要素在政府与慈善组织两个主体之间的双向流动与整合过程。

简言之，在主动双向型衔接中，各要素均是政府与社会组织共同保障的，存在顺序与重要性的差异：在信息与资源两大救助要素中，政府均为先行基础，社会组织为后续主力；但在公信力维度，情况则相反，由社会组织提供现行基础，政府在后续项目开展中提供强力支持。

二、政府主导型衔接模式

政府主导型衔接模式并非指衔接意愿，而是当出现自然灾害等重大危机时，政府从解决问题角度出发，运用行政手段，动员与协调慈善组织力量而形成的衔接模式。政府主导型衔接模式多出现于灾害性救助等突发性、紧急性困境救助中，以自上而下为特征、解决问题为导向。尽管该衔接模式并不罕见，但不同于主动双向型衔接模式的书面契约性，其尚未形成明确的衔接规范，是具体问题具体衔接。在政府主导型衔接模式中，政府是衔接决策者，必然占据主导地位，衔接意愿自然积极主动。相对而言，慈善组织类似衔接决策执行者，处于相对被动地位。这也是政府主导型衔接模式在四类模式象限中的位置来源。

实际上，在我国慈善事业的发展过程中，政府始终起引导作用。在慈善事业与社会救助的衔接实践中，政府也经常通过主导衔接模式来引导慈善事业的发展，尤其是在重大灾害救助领域。政府主导型衔接在实践中具体表现为慈善救助的资源调配、组织整合分工等，这些由政府根据救助需要统一进行。

> 我们民政的角色定位，第一是确定标准，第二是制定规范，第三是引导服务，引导慈善救助。怎么引导是与社会救助和其他慈善救助的一个关系问题。我们没有办法来确定整个社会的救助标准，只能确定慈善的救助标准……①

（一）政府主导型衔接模式的案例简介

之所以将该种模式定名为政府主导型衔接模式，未直接体现两大主体衔接意愿，原因在于：在实践中，该种模式的衔接达成并非像主动双向型衔接模式那般规范明确，而是一个不断探索的动态过程，政府与慈善组织均在不断调整自身的衔接策略。对此，本部分选择了3个案例表明该种衔接模式的渐进发展过程。最初，政府救助与慈善事业之间的界限并不清晰，政府甚至会动用行政手段命令慈善组织，调配慈善组织资源，形成政府强制引导模式，以青海玉树地震救灾为例。

案例 ③

> 青海玉树地震救灾。2010年4月，青海省玉树地区发生地震灾害，造成2698人遇难，是我国近年来较为大型的地质灾害。灾害发生后，政府以及社会各界积极开展抗震救灾，为玉树地区捐款捐物。在救灾过程中，政府三份文件的出台，勾勒了慈善捐赠资金向政府汇集的过程。第一份文件是2010年4月17日民政部下发的《关于做好玉树"4·14"地震抗震救灾捐赠工作的通知》，规定接受捐赠的主体为各级民政部门和15家慈善组织，其中包括中国红十字总会、中华慈善总会以及中国扶贫基金会等13家全国性基金会，其他已开展救灾募款的机构组织，均需将所募款项转交上述机构。第二份文件是2010年5月27

---

① 资料来源：根据访谈录音整理；访谈人：课题组成员；访谈对象：C市民政与慈善会系统工作人员；访谈日期：2017年9月。

日《国务院关于支持玉树地震灾后恢复重建政策措施的意见》，指出，"中央有关部门及红十字会、慈善总会等接收的捐赠资金，要直接拨付到青海省，连同青海省接收的捐赠资金……由青海省统筹安排用于恢复重建"。第三份文件是 2010 年 7 月 7 日民政部、国家发改委、监察部、财政部、审计署联合下发的《青海玉树地震抗震救灾捐赠资金管理使用实施办法》，该办法则进一步明确了拨付方式，要求："社会组织接收的捐赠资金，由社会组织分别负责拨付事宜，其中：中国红十字会总会（含各地红会接收汇缴）将捐赠资金拨付青海省红十字会；中华慈善总会（含各地慈善会接收汇缴）将捐赠资金拨付青海省慈善总会；13 个全国性基金会分别将捐赠资金拨付青海省民政厅、红十字会、慈善总会任一账户。"通过三份文件的规定，首先将接受民间捐赠部门集中为政府和 15 家慈善组织，随后要求将 13 家全国性基金会募款转移至青海省政府以及与政府关系密切的两家慈善组织。三份文件出台后，部分慈善组织通过业务主管单位与民政部等相关部门进行沟通，希望汇缴的规定在执行中能够有所松动。实际结果是 13 家慈善组织汇缴了大部分捐款，部分慈善组织的少部分资金未按规定及时汇缴。

　　玉树地震救灾期间，政府要求民间捐赠资金统一汇缴至青海省政府的做法，引起了理论界的大讨论。争论焦点在于，民间慈善捐赠资金，政府能否进行管理使用。对此，民政部给出的解释是，为避免汶川灾后重复性建设的弊端，此次灾后重建由政府"系统性统筹"安排。多数慈善组织尤其是被要求汇缴的组织认为，民间捐赠资金应该遵循捐赠人意愿与组织宗旨，开展专业救助项目，而非上缴政府。民政部原部长崔乃夫的意见在慈善领域比较具有代表性："慈善的钱不是国家的钱，是社会的钱，是老百姓的钱，我们要对捐款人负责，国家是不可以插手的。"[1] 此后，政

---

① 王晶晶：《政府后退一小步慈善前进一大步》，《中国青年报》2013 年 7 月 31 日。

府强制慈善组织衔接的做法有所改变，政府在类似救助领域为慈善组织让渡出一定空间，慈善组织在政府的引导下配合政府开展救助。政府主导型衔接从政府强制引导发展到对话引导阶段，鲁甸地震救灾过程就表明了这一点。

案例 4

　　鲁甸地震救灾案例。2014 年 8 月，云南省昭通市鲁甸县 6.5 级地震发生后，政府和包括慈善组织在内的社会各界纷纷开展灾后救援工作。为充分发挥各方力量，保障救灾工作有序开展，在云南省民政厅的协调组织下，由 11 家社会组织发起成立"云南社会组织救援服务平台"，聚集了包括云南省青少年发展基金会、云南连心社区照顾服务中心在内的上百家机构。"云南社会组织救援服务平台"设立信息宣传、服务保障、协调调动等不同工作组，与政府建立起有效的联动工作机制，协调捐赠物资合计上千万元，协助一百多家救援组织开展工作。在全国范围内，由中国扶贫基金会、中国青少年发展基金会、壹基金等机构组成的"基金会救灾协调会"在政府的引导下同步开展工作。以中国扶贫基金会为例，首批投入 1563.21 万元的紧急救援物资，通过自身投入渠道和方式，高效递送到灾民手中，后续的校舍、桥梁等设施资金以及服务递送均在政府的引导下独立完成。

　　在政府主导下发挥慈善组织独立主体作用，是鲁甸地震救灾过程中呈现出的慈善救助与政府救助的衔接特点。随着慈善事业的发展，慈善组织动员资源规模越来越大，在救助资源募集、救助服务递送等方面发挥了不可替代的重要作用，成为重大灾害救助中不可或缺的力量。政府主导型衔接在案例 4 中表现为政府鼓励式引导，但是慈善组织是否已经发展成熟，能够独当一面？武汉抗疫过程中慈善组织的表现为政府主导模式提供了新的思考方向。

案例 5

　　武汉抗疫案例①。2020 年，在新冠疫情开始之初，民政部发布《关于动员慈善力量依法有序参与新型冠状病毒感染的肺炎疫情防控工作的公告》。随后，中华慈善总会、各地慈善总（协）会、中国红十字总会、中国红十字基金会、各地红十字会、中国光彩事业基金会、中国华侨公益基金会等全国各级、各地、各类慈善组织纷纷响应，开展组织捐赠工作。截至 2020 年 6 月底，全国各级慈善组织共接受社会各界抗疫捐款 396.27 亿元②，开展各类志愿服务项目超过 35.9 万个，动员志愿者人数 691 万人，志愿服务服务时长达 2.3 亿小时③，为抗疫工作作出了重要贡献。疫情初期，湖北省红十字会、湖北省慈善总会、武汉市慈善总会等五家慈善组织曾被政府指定为接收捐赠的机构。湖北省红十字会、武汉市红十字会短时间内面对蜂拥而至的捐赠物资，因工作不力，一度被舆论批评。其间，关于"湖北省慈善总会将接收的 27 亿善款上缴政府"的报道引发争议。

　　与前述的政府强制衔接不同，疫情初期民政部发布的公告，是为动员、鼓励慈善组织加入抗疫中来，是典型的政府鼓励式引导行为。后来以湖北省红十字会和武汉市红十字会为代表的地方慈善组织，由于人手不足等原因，暴露了慈善救助的能力短板。至于善款上缴财政等情况，则反映了在

---

　　① 新冠疫情防控作为突发重大公共卫生事件，虽然不在《社会救助暂行办法》规定的 8 项救助制度（最低生活保障、特困人员供养、受灾人员救助、医疗救助、教育救助、住房救助、就业救助和临时救助）之内，但其所造成的损害和影响，又涉及医疗救助、基本生活保障、老幼孤残等弱势群体救助等内容，实践中政府和慈善组织共同发挥自身力量，抗击新冠疫情，是重要的慈善救助与政府救助衔接实践。所以，本书将该案例作为典型案例收录。另外，在中国扶贫基金会官方网站上，将抗击新冠疫情项目列为救灾扶贫类项目。

　　② 张春贤：《全国人民代表大会常务委员会执法检查组关于检查〈中华人民共和国慈善法〉实施情况的报告》，2020 年 10 月 15 日，见中国人大网，http://www.npc.gov.cn/npc/c30834/202010/afc0a05adb4242b49920c2251017205e.shtml。

　　③ 宫蒲光：《慈善事业：疫后之思》，《慈善公益报》2020 年 6 月 28 日。

部分地方仍然存在慈善组织与政府之间界限不清的问题。

（二）政府主导型衔接模式的特征

上述案例反映了政府主导型衔接模式的发展历程和现实表现，总结其特征如下所示。

第一，政府在衔接中占据主导地位，但主导的限度与边界仍有待进一步探索。如案例3至案例5所述，在历次重大灾害救助中，政府主导下的衔接经历了不同的探索阶段，政府与慈善组织都在不断调整自身行为。在玉树地震救灾中，政府强力汇缴慈善组织善款，仍然源于管理人身份，而忽视了福利多元主义背景下其他福利主体的权利与义务，不利于多元治理主体之间平等协作的实现。在特殊形势下，集中力量办大事，是我国治理体制的优越性所在，但是集中力量的方式和途径有待商榷。案例4中政府与慈善组织之间的互动，就一定程度上改变了之前的强制命令方式，而是"应慈善组织要求"，指导慈善组织开展工作。政府在引导下给了慈善组织一定的对话空间，是正确的引导模式方向。案例5中又对政府主导下的政府主导型衔接模式提出了新的挑战，在慈善组织能力有限时，几十个工作人员处理来自全国几十上百亿的捐赠物资，没有政府介入能否独立应对？显然，现阶段，慈善事业正处于发展中，政府主导下的衔接既不能是政府强制，也不能是撒手不管。那么，有关政府主导的限度与边界问题的探讨就成了当务之急。

第二，慈善组织在政府主导衔接模式下处于被动地位，同时为促进良性主导衔接模式的形成贡献了自己的力量。在案例3中，面对汇缴要求，部分慈善组织联合起来向民政部等相关部委表达不满与担忧。实际上，案例3中提到的第三份文件，正是在汲取了各基金会的意见之后多方平衡的结果：收缩了之前第二份文件中的汇缴权限，如财政资金与捐赠资金严格区分、专账管理，定向捐赠的调整使用需经捐赠接受机构与捐赠人同意后方可等。但是，文件对慈善组织关注的汇缴问题并无丝毫松动。案例4中慈善组织与政府之间良好互动关系的建立，也得益于上述慈善组织的反馈与努力。慈善组织的积极反应对构建良性互动、完善政府主导型衔接模式具有重要作用。

> 我觉得从目前来说，慈善协会的发展确实离不开政府主导和政府支持，如果完全脱离的话，恐怕组织自身生存都会成问题。以我们协会为例，我们每年募集的资金中，扣除定向捐赠等固定资金，能够归我们自身支配的也就 500 万元到 700 万元，如果没有政府财政支持，仅仅依靠捐赠中的 10% 作为人员工资的话，我们协会将发不出工资。①

第三，政府主导的形成有赖于实践探索与经验总结，定型的机制难以在短时期内形成。以上三个案例，表明政府主导型衔接模式的三个阶段：强制引导、对话引导与鼓励引导。案例 3 中，政府连发三份红头文件，强力有效，但需耗费较高行政成本。特事特办可以，难以形成长效机制。后期为平衡各方意见而出台的第三份文件，表明慈善组织与政府的沟通成本较大。案例 4 与案例 5 中均再未出现上述情形，反而实现了比较理想的政府主导下的慈善救助与政府救助的衔接。案例 3 证明，行政强制不是实现政府主导模式的有效途径。案例 4 与案例 5 则证明，在慈善事业发展过程中，面对不同的灾害救助，应增加政府与慈善组织之间的沟通渠道，灵活设定政府对慈善救助的主导范围与干预程度，鼓励发挥慈善组织的积极性。如在案例 4 中，"云南社会组织救援服务平台"与"基金会救灾协调会"都在政府指导下开展救助工作，政府干预较少；在案例 5 中，政府对慈善组织的引导、对慈善资源的调配干预更多，这都是与具体情况和实际需求相适应的。在当前慈善事业发展尚未定型阶段，慈善组织与政府沟通的定型机制一时也难以建立，只能是鼓励探索、一事一策。

（三）政府主导型衔接模式的衔接机制

1. 宏观层面的衔接

从宏观层面来讲，在政府主导型衔接模式下，突出强调政府在衔接中的主导作用。基于慈善事业在我国的发展状态，政府承担主导和引导作用

---

① 资料来源：根据访谈录音整理；访谈人：课题组成员；访谈对象：北京市 C 区慈善协会负责人；访谈日期：2017 年 8 月。

是适当的。根据多元治理理论，在救助领域，政府与慈善组织是平等主体，但由于能力强弱各有不同，在共同治理中，并不能同责同权；在地位分配上，有主有次，也是符合多元治理中的"多元化"内涵的。福利多元主义强调不同的福利来源于不同主体，也与政府主导的救助衔接相吻合。在救助中，政府承担兜底性主体责任，慈善组织则处于灵活补充的主体地位，双方共同形成救助领域的多元化态势。

2. 中观层面的衔接

从中观层面来讲，政府与慈善组织之间的衔接是在政府主导下形成的。根据以上案例，这种引导可能是政府红头文件的行政强制，也可能是政府应邀组成的救助平台。无论具体途径如何，政府与慈善组织两大板块在该模式下形成了政府合力。而且随着模式的推进，慈善组织也逐渐摆脱之前的被动地位，与政府积极互动，共同推动政府主导衔接的形成。随着实践的进展，政府主导型衔接模式有望摆脱完全的政府主导地位，形成以政府为主导、慈善组织为主体的"双主"模式。

3. 微观层面的衔接

由于灾害类型不同，在政府主导型衔接模式中，救助过程中的救助要素流动也存在差别。结合上述案例，政府主导型衔接模式中的救助要素流动如下所示。

在识别阶段，灾害性救助中，政府作为主体责任承担者，通常掌握全局救助信息，慈善组织则结合自身专业领域开展专门救助以及定向捐赠救助等活动，救助信息具有局限性，救助信息主要从政府流向慈善组织。在案例3中，政府强制汇缴捐款的初衷是为了避免重复建设，体现的是政府与慈善组织之间救助信息的不对称。但在案例4与案例5中，情况则有所不同：救助信息随着互动平台的建立得以有效衔接。尤其是在武汉抗疫期间，慈善组织对捐赠物资逐步建立了一套规范的公示与处理机制，不但有利于慈善组织与政府之间救助信息的衔接，也有利于慈善组织与受助对象之间信息的衔接。另外，在灾害救助中，不仅是救助主体对救助对象的识别，也包括救助对象向救助主体的求助，因此，信息要素在救助主体与救助对象之间双向流动。

在支持阶段，政府承担主体责任，慈善组织作为社会力量进行辅助，两主体均在人、财、物等方面进行救助支持，在上述案例中救助资源均是从慈善组织流向政府，接受政府调配与指导。具体来说，案例3中，政府通过强制汇缴民间善款，客观上实现了政府与慈善组织之间在救灾资金上的衔接。在案例4和案例5中，慈善捐赠资金未在形式上纳入政府管理，但在实际使用上也接受了政府的调配和指挥，实现了资源要素在两大主体之间的单向流动。在人力资本方面，案例3中，捐赠资金上缴后，原本慈善组织擅长的"软件"救助服务无法实现，无法与政府重建的"硬件"救助形成衔接互补。在案例4和案例5中，人力资本衔接得较好。尤其是案例5中，大量志愿者在政府的统一安排调配下，贡献了大量的时间精力，成为武汉抗疫胜利不可或缺的力量。

在救助效果的保证方面，特殊的灾害为救助提供了一定的社会合法性，救助行为得以开展，政府公信力是基础，通常在政府与民间慈善组织之间，存在官办慈善组织作为枢纽，兼具政府行政公信力与慈善组织专业公信力的情况，比如在案例3和案例5中，政府均指定官办慈善组织作为慈善力量代表，集合慈善救助力量。需要指出的是，政府强制汇缴善款，慈善组织的公信力必定会受到打击。在调研中，一位当年的基金会工作人员就表示，"这样一来，我们在灾后重建中还有什么权利？善款的去向怎么向捐赠人交代？怎么面对捐赠人？这都是做慈善的底线问题。"[1] 在案例5中，政府也曾指定5家慈善组织接受捐赠，后来慈善组织暴露出一系列问题，但并未影响社会捐赠的热情，背后原因就体现为政府公信力对慈善组织的加持。所以，在政府主导型衔接模式下，只要方式得当，就可以形成公信力要素在慈善组织与政府之间的流动。

---

① 兰芳、罗洁琪、李婧姝：《玉树地震善款交政府统筹使用民间慈善遭遇逆流》，《新世纪周刊》2010年第8期。

三、慈善主导型衔接模式

慈善主导型衔接模式与政府主导型衔接模式相对，衔接的达成不是源于政府解决问题，而是出于救助对象的需求。慈善组织基于自身的灵活性，首先对该种需求作出反应，产生广泛社会影响，进而撬动公共政策，带动政府参与到救助中。这种由慈善组织发起，再传导到政府，形成的接力式衔接中，慈善组织相对主动，政府则相对被动。在我国的政府救助中，存在"救助对象识别上多个专项救助与低保（最低生活保障）标准绑定的问题"[①]，导致非低保困难群体被排斥在专项救助之外，影响专项救助效果。慈善主导型衔接模式自下而上形成，针对的正是教育救助等专项救助领域，体现了慈善救助的补缺性特征。

该种模式下所涉及的救助领域通常是政府法定救助中并未包含的部分，慈善组织基于自身的组织宗旨或者其他原因，发现"应救未救"的群体或者领域，展开慈善救助，进而引导政府行为，形成慈善救助与政府救助的衔接。在实践中，这类衔接模式通常表现为慈善组织先行动，政府囿于政策、程序等原因，在慈善组织之后进行政策覆盖。

> 我们觉得成立基金会，专门自己去做这些事情，可能更有意义一点，很可能也更实际一点，对于社会所关心的，社会需求的，政府也想做的，可能因为由于制度设置、程序等很多环节，实际做起来是有困难的。那么我们就通过民间组织自己去做一些事情。一方面尽社会责任，另一方面对一些真正的弱势群众，或者是需要得到救助的这些群体，进行一些救助。[②]

（一）慈善主导型衔接模式的案例简介

慈善主导型衔接模式下开展救助的慈善组织通常能力比较强，且在该

---

① 关信平：《当前我国反贫困进程及社会救助制度的发展议题》，《陕西师范大学学报（哲学社会科学版）》2019年第5期。

② 资料来源：根据访谈录音整理；访谈人：课题组成员；访谈对象：W市民政与慈善会系统工作人员；访谈日期：2017年9月。

领域作出成绩，才能引发政府行动。对此，本书选取了两个典型案例：免费午餐项目和事实孤儿救助。前者是全国范围开展的帮助贫困学童提供免费午餐的助学项目，后者是在湖南实施的事实孤儿救助计划。两个案例开展的时间、范围各不相同，但同样是由民间慈善力量先行，激发了政府行为。

案例 6

　　2011年初，记者邓飞偶然得知，贵州山区的农村儿童，因为集中上学，中午无法回家吃午饭而忍饥挨饿。同年4月2日，邓飞联合500名记者、国内数十家主流媒体以及中国社会福利基金会发起免费午餐基金公募计划，倡议为贫困学童提供免费午餐。免费午餐项目正式成立。该项目充分利用微博等新媒体工具，发动公众捐赠，在短短几个月内，动员了上万名捐赠者，募集善款1690余万元，为77所学校的10000多名孩子提供了免费午餐。免费午餐项目还不断利用技术创新寻求多方合作并完善项目运作机制。该项目一直关注信息公开机制的建设，强调资金管理的公开透明。免费午餐项目注重品牌和宣传，甚至引起了国家层面的关注。2011年5月11日，《人民日报》刊发评论《"免费午餐"期待政府接棒》①，指出"免费午餐背后隐含着营养权这项基本的权利，它与生命健康权息息相关，也关乎社会公平公正、长远发展。提供保障这一权利的法律程序和服务，本是政府应尽之责"。同年10月26日，国务院常务会议决定，实施农村义务教育学生营养改善计划。2012年，教育部等15部门联合印发《农村义务教育学生营养改善计划实施细则》（以下简称《实施细则》）等5个配套文件，政府力量正式介入。2022年10月31日，教育部等7部门在对《实施细则》等5个配套文件进行修订的基础上，发布《农村义务教育学生营养改善计划实施办法》，《实施细则》等5个配套文件同时废止，以持续提

---

① 张铁：《民间"免费午餐"期待政府接棒》，《人民日报》2011年5月11日。

升农村学生营养状况和身体素质。根据教育部官网信息，截至 2018 年 12 月，全国共有 29 个省 1642 个县实施了营养改善计划。截至 2021 年底，营养改善计划已惠及学生 3.5 亿人次①。

免费午餐项目从民间慈善事业扩展为政府公共政策，动员慈善力量与政府共同解决贫困地区学童吃饭问题，完美展现了慈善事业与社会救助之间的深层次衔接。在政府财政资金之外，免费午餐基金的规模也在不断增长。截至 2022 年 12 月底，免费午餐总募捐 97957 万元，累计开餐学校 1679 所，覆盖全国 26 个省（自治区），累计惠及人数超过 41 万人②。与免费午餐通过媒体倡导、以资金捐赠为主要内容的慈善救助不同，本书还采集到湖南事实孤儿救助案例，以一个专业社会组织在基层开展的救助服务为起点，推动地方政府救助政策的启动。

案例 7

湖南事实孤儿救助案例③。事实孤儿④并非真正意义上的孤儿，所以未被纳入政府的孤儿福利与救助体系中，也尚未出台专项救助政策，属于边缘性群体。长沙市岳麓区大爱无疆公益文化促进会⑤于 2012 年正式在岳麓区开启事实孤儿救助计划，截至 2018 年 4 月，共资助了 326 名事实孤儿，陪伴了 388 名事实孤儿。救助计划从最初只为岳麓

---

① 吴月：《营养改善计划惠及农村学生 3.5 亿人次》，《人民日报》2022 年 10 月 9 日。

② 免费午餐官方网站首页，http://www.mianfeiwucan.org/，最后检索时间：2023 年 1 月 14 日。

③ 该案例来自北京七悦社会公益服务中心的案例库。

④ 事实孤儿：在民政部下发的文件中，事实孤儿是指父母没有双亡，因父母一方被强制戒毒、正在服刑、身患精神疾病、重度伤残，另一方失踪、弃养等情况而造成的家庭没有能力、没有意愿抚养的儿童，是"事实上无人抚养的儿童"。

⑤ 由 30 名曾参与汶川地震一线救援的退伍老兵志愿者于 2008 年发起成立，在民政部门登记注册，以"维护儿童在灾害与生活中的尊严和权益"为使命，专注于儿童安全教育与事实孤儿救助计划。

区实施孤儿捐资助学，到后来逐步扩展到更多区县，救助内容上也不限于经济资助，更侧重陪伴成长服务，并在此基础上开展各类集体活动。项目运行8年，从最初服务目标是"只希望事实孤儿有相对稳定的生活，不走上违法犯罪的道路"，只覆盖一个区、只做一件事，发展至今，形成了"捐资助学＋陪伴成长＋集体活动"三位一体的服务模式，形成了较为成熟的、多层次的事实孤儿救助服务体系。以此服务实践为基础，项目实施组织向湖南省政府提出《关于加快湖南省事实孤儿救助保障体系建设的提案》。2019年6月，民政部等部门联合出台《关于进一步加强事实无人抚养儿童保障工作的意见》，对事实孤儿生活进行补贴式救助。

上述两个案例分别关注了不同救助领域，开展了不同救助内容，走过了相同的慈善救助引导政府救助的道路，基本反映了当前慈善主导型衔接模式下的衔接实践。

（二）慈善主导型衔接模式的特征

第一，与前两种衔接模式相比，政府在此种衔接模式下处于后发状态。慈善主导型衔接模式下，慈善救助开始的领域是政府救助的"空白地带"。以案例6为例，项目开始之初，发起人以推动政府介入为目标。

　　实际上，我们一开始去做的目的也是要推动政府介入。我们必须澄清一些理念，大规模的改变，单靠民间捐款是不可能完成的。只能通过财政资金，只有依靠政府。但在目前这种情况下，我们要做的，并不是要跟政府为难，而是要做一个示范，做一个样板出来，让政府知道，这样做是可行的，是能够赢得民心的。只有政府出手，普惠更多贫困学生才能成为可能。很多公益项目，不能把政府撇开。[1]

---

① 资料来源：根据访谈录音整理；访谈人：本项目负责人；访谈对象：M项目基金发起人；访谈日期：2015年9月。

在案例 7 中，项目实施组织并未将推动政府作为目标，但在执行中，发现一己之力不足以解决问题，必须从政府政策层面入手，才能达到全面救助目的。政府在上述两个案例中，虽然后发，但反应都很积极，推动了相关政策的出台。需要说明的一点是，与前两种模式相比，慈善主导型衔接模式下的政府态度处于被动地位。

第二，慈善组织通过与政府形成合意，达成政府救助与慈善救助的衔接。能够在政府与民间社会之间建立合意，该项活动应该符合社会公序良俗以及公共利益，并被认为是必要的，从而得到社会支持。贫困地区学生的营养改善计划，以及事实孤儿救助计划就是这种能够获得民间慈善与政府合意的运动：关于该项目的倡议，符合大众利益取向，没有受到任何伦理挑战与反对，并且迅速取得了民众精神或者行动支持。慈善的本意是人们对弱者的同情和照顾，是社会温暖、人性光辉的集中体现。合意能够达成，也在于慈善不仅帮助了贫困者，还满足了施助者自我社会价值的实现，正所谓"赠人玫瑰，手有余香"。

第三，慈善主导型衔接模式最终实现衔接，依靠的是"中层突破"的政府互动方式。所谓中层突破，是指从地方政府入手，实现政府与民间慈善的合意与衔接。这也是上述两个案例带给我们的经验。免费午餐项目发起人坦言，获得中央政府的关注并非项目的初心，但是与当地中层政府的沟通乃至合作一直是其努力的重点。民间慈善活动，在执行中必须明确与政府救助义务之间的边界，才能够发挥好自身的作用。根据以往的经验，从中层地方政府尤其是县级政府层面，更容易实现与政府的合作。有学者通过对社会创新的实践研究发现，"各地的创新探索既非社会需求自下而上的压力驱动，亦非源自中央自上而下的指示和动员，而是地方党政领导解放思想、主动创新的结果"[1]。在案例 7 中，将某区的救助工作推向全市，进而推向全省，也是中层突破的表现。

第四，接力式衔接与合作式衔接并存。衔接模式中主体的衔接顺序为：

---

① 蓝煜昕：《社会组织管理体制：地方政府的创新实践》，《中国行政管理》2012 年第 3 期。

慈善组织—政府—慈善组织。慈善组织先行开展救助活动；政府随后制定相关政策，弥补政府政策空白，惠及绝大多数待救助对象；同时，慈善组织仍然开展相关救助活动，以补充政府政策未覆盖部分。在这一衔接模式中，又可分为两个层面的衔接：一是政府接棒慈善组织，制定公共政策，承接救助职责，是政府与慈善组织的接力式衔接。二是政府接棒后，慈善组织并未退出，比如免费午餐项目至今仍在运行，截至 2022 年 12 月底，累计惠及学童超过 41 万人①，对政府救助形成有效补充；不仅如此，免费午餐项目运行中，也非常注重与地方政府的合作，这些是合作式衔接。因此，在慈善主导型衔接模式中，接力式衔接与合作式衔接并存，以前者为主。

（三）慈善主导型衔接模式的衔接机制

1. 宏观层面的衔接

从宏观层面上讲，慈善主导型衔接模式下，实现了真正意义上的民间慈善"打头"、政府"接棒"的衔接。在这类衔接模式下，充分凸显了灵活专业的特征，不是传统意义上的政府救助补充，而是引领政府"开疆拓土"。政府政策在制定中存在滞后性，但在上述两个案例中表现出的积极回应态度，体现了政府救助的兜底性责任。这样的衔接互动，比较理想地概括了救助领域多元共治体系的结构设置，政府与慈善组织两个治理主体之间承担的责任符合自身定位。在这两个案例中，带动政府救助之后，慈善组织并未退出，仍然以自己的专业服务发挥政府救助的补充作用。这也符合福利多元主义的设定，救助不仅来自政府，也应该来自政府以外的主体。

2. 中观层面的衔接

从中观层面上讲，政府救助与慈善救助作为相互独立的两大板块，能够衔接在一起，而且是由慈善组织开启的衔接，除前文提到的特殊领域能够与政府形成共意之外，慈善组织自身推进衔接的策略也不可忽视。在案例 6 中，慈善组织的推进策略在于广泛的社会动员，尤其是对新媒体手段运用，以及透明的财务、及时的公示、与良好的公共关系建立等，都对慈

---

① 免费午餐官方网站首页，http://www.mianfeiwucan.org/，最后检索时间：2023 年 1 月 14 日。

善项目的顺利进行乃至推进政府政策起到了作用。在案例 7 中，慈善组织自身的策略来自自下而上的服务经验，以一区的捐资助学为起点，在项目开展过程中，不断发现需求，改变服务策略，形成三位一体服务体系。最终，通过扎实的服务实践与客观的现实需求，推动了政府救助的衔接。

3. 微观层面的衔接

由于存在接力式与合作式两层衔接，慈善主导型衔接模式中的要素流动比较复杂。值得一提的是，在制度层面，慈善主导型衔接通常创设其他衔接模式无法企及的新政策，为填补社会政策空白、完善救助体系作出了贡献。以下将分别分析信息、资源、公信力等几个要素在慈善主导型衔接模式下的流转与整合。

在识别阶段，慈善组织先于政府识别出救助对象特征，并不断扩大救助范围，如免费午餐从最初的贵州扩展到全国 26 个省[①]。就信息要素的流动来讲，在接力性衔接层面，并非具体救助对象的信息流动，而是具体救助领域启发了政府政策；在合作性衔接层面，政府的救助对象信息流向慈善组织，以避免慈善组织重复救助。在某种程度上，信息在政府与慈善组织之间形成了良性循环。

在支持阶段，政府与慈善组织各自筹集资源开展救助活动，并不存在救助资源的流动，取而代之的是救助经验的流动。以免费午餐为例，政府在开展营养改善计划的地区，借鉴并优化了免费午餐的供餐管理。而在资金的衔接上，慈善主导型衔接模式体现为政府与慈善组织的合作。在其项目开展过程中，最初是一个县级政府作出了回应，以配套资金的形式加入项目执行中来，从而形成了慈善救助与政府救助的资金衔接。后来，在项目运作成熟规范以后，也由政府提供资金、设施，以委托经营等方式与项目组合作，体现了政府责任，也是资金衔接的表现。

在救助效果的保证方面，免费午餐开始之初，凭借成功的项目运行与管理，形成品牌效应，累积了一定的慈善项目公信力，而政府接棒行为，

---

① 免费午餐官方网站首页，http://www.mianfeiwucan.org/，最后检索时间：2023 年 1 月 14 日。

实际上是对慈善救助的官方认可，慈善救助的公信力增加了政府背书。这样，就形成政府公信力要素向慈善组织流动的情况，从而形成慈善救助与政府救助的公信力衔接。通过接力式衔接与合作式衔接，公信力要素从政府流向了慈善组织，慈善组织公信力增强，政府公信力并未同步减弱，实现了公信力建设的双赢。

简言之，慈善主导型衔接模式中，慈善组织引导政府接棒，形成的接力性衔接是核心，合作性衔接是辅助：前者涉及的是救助主体的转换，后者则是救助主体之间的合作，以及救助要素的流动。

四、被动双向型衔接模式

被动双向型衔接模式，是指基于现实的客观需要，政府与慈善组织之间形成的衔接型合作模式。即政府与慈善组织两个主体之间并无主观共同意愿，而是单纯依靠任何一方的力量均无法完成救助任务，可以理解为被迫合作。在该种衔接模式中，不存在明确的规范或者书面性契约，政府与慈善组织之间基于各自的职责或者组织宗旨，分工明确，形成顺畅的衔接与配合。必要性衔接模式多发生在特殊领域，服务的特殊性或者服务对象的特殊性，导致服务主体即与政府达成衔接合作的社会组织具有特定性，无法通过市场购买。这是被动双向型衔接模式与主动双向型衔接模式的区别所在。基于此种非主观意愿，但客观上"非对方不可"的衔接模式，就形成了被动双向型衔接。

> 政府的刚性、制度性的东西做完以后，但是还不能覆盖一部分社会群众、困难群众的需求。所以就要做一些慈善了。慈善实际上不仅是一个资金的问题，还包括服务，而且服务是非常重要的一块，是政府救（助）不了的。政府有救（助）资金，但救（助）不了服务。①

---

① 资料来源：根据访谈录音整理；访谈人：课题组成员；访谈对象：W 市民政与慈善系统工作人员；访谈日期：2017 年 9 月。

（一）被动双向型衔接模式的案例简介

被动双向型衔接模式在实践中较为罕见，本部分就该种模式收集整理了两个案例，分别是特殊医疗救助领域和扶贫助残领域。因为特殊领域的关系，后一个案例比前一个案例更具代表性。之所以将这个特殊案例放在这里，是因为其更能反映必要合作模式的特征。

案例 8

　　中盖艾滋病防治项目。中国—盖茨基金会艾滋病防治合作项目（以下简称中盖项目）是中华人民共和国卫生部[①]和国务院防治艾滋病工作委员会办公室与美国比尔及梅琳达·盖茨基金会联合在中国发起的首个公共卫生项目，项目为期5年，自2007年至2012年，总目标是在项目实施地区探索大规模增强防治艾滋病工作力度的可行性和途径，从而推动其他地区采用有效的艾滋病防治策略；项目的核心工作是推进艾滋病潜在人群的检测与确诊感染者的治疗。目标人群主要是大中型城市中的艾滋病传播高危人群，包括男男性行为人群（简称MSM人群）、暗娼和静脉吸毒人群。其中，MSM人群不仅病毒感染率非常高，而且群体隐秘敏感，"圈外人"很难识别，所以，"内嵌性"组织必不可少，即由"圈内人"自我服务。因此，中盖项目有一个重要特点：鼓励社会组织参与，将近一半的项目经费用于社会组织开展项目活动。针对MSM人群的艾滋病防治，草根社会组织[②]基本由该类人群的感染者与病人组成，自组织，自服务。该项目的基层运作程序如下：由现存的草根社会组织通过倡导宣传，滚雪球式地发现更多MSM人群，动员这些潜在感染者进行免费检测，同时与专科医院对接检测工作；确认感染后，该组织一方面要承担新确认感染者的心理疏

---

　　① 现更名为"中华人民共和国国家卫生健康委员会"。
　　② 这里的草根社会组织是指围绕艾滋病预防和检测工作而由民间力量自发形成的组织，这类组织多由艾滋病感染者与病人组成，一般随地域与感染途径的不同而形成不同的组织。

导工作，另一方面要将新增确诊病例汇报给当地疾控中心，协助疾控中心进行艾滋病感染者与病人的登记建档工作；再将疾控中心的免费治疗政策与药物知识向感染者普及，帮助感染者与病人进行治疗；并负责后期的心理支持与治疗随访工作。

上述案例项目因为对象人群的特殊性，只能由"内嵌性"组织完成。"内嵌性"组织虽然从事公益慈善事业，但由于种种原因，难以在民政部门登记注册，更遑论申请认定为慈善组织。该案例中以疾控中心为代表的政府部门，要想完成工作，就必须与这些草根社会组织合作。对草根社会组织同样如此，不与政府合作，则无法开展防控工作。所以，尽管 MSM 人群与疾控中心工作人员之间存在天然隔阂甚至对立，但仍然离不开对方。该模式下还存在另一类更普遍的合作现象，如案例 9 中扶贫助残领域的政府与社会组织之间的必要合作。

案例 9

成都扶贫助残案例①。帮扶残疾人群体就业有两个目标：一是使残疾人增收，实现精准扶贫；二是实现社会服务的效果，让残疾人获得康复和融合，从"锁定"（被锁定在生理限制、能力限制和社会排斥的现状中）状态中走出来；两个目标并重。在实践中，政府鼓励残疾人就业，常常出现"倒置"现象，即政府的投入远大于残疾人劳务收入。针对这一问题，成都幸福源社会工作服务中心②（以下简称幸福源）在公平街道建立衍纸画工作坊。该场地由街道办事处提供，开展技能培训，引领 16 名残疾人创业。通过定制服务、开拓销售渠道、培育自组

---

① 该案例来自北京七悦社会公益服务中心的案例库。

② 成都幸福源社会工作服务中心是在成都市民政局登记注册的民办非企业单位，致力于社区服务、帮困、助残、教育为一体的综合性服务组织。尽管尚未申请认定为慈善组织，但该中心实际在从事着帮困助残的慈善服务，符合本书慈善事业的范围，所以仍将其作为典型案例收录。

织等一系列途径，实现项目产出超过投入的目标，残疾人增员、增收、增能效果明显。经过 2018 年一年的周期，项目资金投入为 59740 元，项目产出（销售收入）为 65835 元，产出超过投入。另外，增加了残疾人的收入，现在约 700 元/月/人，为原增收目标 200 元/月/人的 3.5 倍；新就业残疾人 12 人，为原增员目标 5 人的 2.4 倍。与通常的残疾人就业依靠政府补贴和庇护性就业 [①] 不同，幸福源的项目通过市场化路径，以引领发展取代俯身帮扶，获得了扶贫和助残双重效果，为后续扶贫助残工作提供了范本。

上述两个案例，分别从不同领域的救助实践反映了慈善救助，尤其是慈善救助服务的必要性。没有慈善组织开展的服务，许多领域的救助工作就无法达成，或者达成效果不好。传统的政府救助引发"倒置"问题，即政府补贴大于残疾人务工收入，这是典型的输血式救助，不能从根本上解决残疾人就业与贫困问题。案例 9 中的慈善救助服务克服了政府救助的传统问题，改输血式救助为造血式救助，调动了残疾人积极性，实现了增收与社会融入双重功能。充分证明，在类似领域必须形成政府救助与慈善救助的衔接，方能达到理想的救助效果。另外，案例 8 与案例 9 中政府与社会组织之间衔接的达成，根本上是基于双方的职责，而非主动形成。

（二）被动双向型衔接模式的特征

在必要合作模式中，政府与慈善组织之间的衔接意愿都不强烈，而是基于项目或者短期目标，不得不如此的衔接模式，具有临时性特征，难以形成长效机制。尤其是案例 8 更明显体现了这一特征，中盖项目结束后，由于资金不足等原因，许多草根社会组织难以为继，相继解散，与政府的合作也不复存在。从长远来看，这种结局对各方都是不利的。从总体上看，

---

①　庇护性就业，是指通过一种适合残疾人的劳动方式，让残疾人在其中获得康复训练。庇护性就业具备就业、培训、康复、照料、文体活动、社会参与等多种功能，具有保护性、间歇性、临时性、过渡性等特征。

这种衔接模式具有如下特征。

第一，被动双向型衔接模式中政府与慈善组织地位平等。在案例8中，项目出资方是盖茨基金会，项目执行过程中，以地方疾控中心为代表的政府机构，与草根社会组织均是项目执行主体，决定了二者地位是平等的。这种同为执行主体的平等地位在其他衔接模式中不存在。这也是被动双向型衔接的核心特征之一，同样的地位与同样的目标，使得政府与草根社会组织各尽所能，互助互补，充分体现了衔接合作的要义。在案例9中，尚未形成政府购买服务之前，在被动双向型衔接阶段，政府与专业社工组织具有同样的助残扶贫目标，但一旦形成政府购买服务路径，政府将作为出资方，与作为承接方的慈善组织（社会组织）地位将不再平等。

第二，政府对形成衔接的意愿会有变化，多数会从不积极转变为积极。这点在案例8中有最明显的体现，为完成中盖项目，政府才会与民间慈善组织衔接。中盖项目中政府与慈善组织的合作体现为：一是盖茨基金会与中国政府的合作；二是项目执行中以地方疾控中心为代表的政府机构与草根社会组织的合作。被动双向型衔接模式肯定不是指前者，而是指后者。随着衔接的深入，政府的衔接意愿也会由不积极转变为积极，在案例9中，政府这种意愿的转变更加明显：当政府意识到民间慈善组织通过项目执行方式，在原来政府救助资金的基础上，能够取得扩大化的、理想的救助效果，那么政府对这种衔接则会更加主动积极。

第三，作为与政府衔接的另一方，慈善组织在被动之余，也会通过自身努力争取必要衔接的延续。在案例8中，在中盖项目执行期间草根社会组织并未登记注册，当然这是存在客观原因的：首先，当年《慈善法》尚未出台，法定的慈善组织本就不存在；其次，双重管理等制度障碍，导致草根社会组织作为特殊领域很难登记注册为社会组织。因此，尽管不具备法定身份，但在实践中草根社会组织作为典型社会力量形成的组织，发挥了民间社会组织的作用，本书将其作为广义上的社会组织对待。草根社会组织基于道德歧视等原因，会对政府工作人员产生隔阂甚至敌意。但在完成工作和与政府衔接层面，草根社会组织还是会极力争取这种衔接的延续，以为自身和特殊群体争取更大利益。在案例9中更是如此，基于良好的救助效果，慈善组织意欲将此种扶贫助残工作方法形成体系，进一步复制推广。这点又能与政府形成共意，从而促进衔接的延续。

第四，被动双向型衔接通常会发展为主动双向型衔接。被动双向型衔接模式是短期内迫于需要形成的，如果必要性足够强烈，这种衔接得以持续并常规化的途径是转为以政府购买服务为代表的主动双向型衔接。值得一提的是，在中盖项目的影响下，社会组织在艾滋病防治领域的作用得到认可，2015年，国家卫生计生委等部门发布《关于建立社会组织参与艾滋病防治基金的通知》，许多当年的草根社会组织得以登记为社会组织。有趣的是，这些具备了法定身份的社会组织，如今依照上述法规，通过项目申请的形式参与艾滋病防治，与政府形成的已经是主动双向型衔接，而非这里的被动双向型衔接。对案例9来讲，被动双向型衔接模式的发展前景大概率是政府购买服务模式，即将政府的救助资金全部或者部分转化为购买服务资金，将对残疾人的救助式扶贫转变为开发式扶贫。这种模式的转化，对慈善组织来讲，一方面可以作为该种扶贫助残救助方式的推广复制，另一方面可以作为政府助残的必要补充和提升。这也与多元治理理论强调的多元共治相符合：只依赖政府的资金救助是不够的，还需要民间慈善组织通过服务和项目来解决残疾贫困问题，即多主体共治才能取得理想效果。

（三）被动双向型衔接模式的衔接机制

1.宏观层面的衔接

从宏观层面上讲，衔接机制被理解为参与救助的多元共治体系的结构设置。就被动双向型衔接模式下的案例8来说，项目目标下形成的"三位一体"①式合作链条，完美契合了宏观衔接机制的内涵，提升了三大机构合作防治艾滋病的效果。在案例9中，政府提供资金，慈善组织提供服务，二者分工负责，形成具有先后顺序和分工的衔接。在案例8中，草根社会组织与政府之间的共治体系结合更加紧密，不是单纯的线性衔接，而是在每个环

---

① "三位一体"是指疾控中心、专科医院与草根社会组织三方机构。

节都有双方衔接的情况。多个环节的衔接闭环，形成最终衔接合作的闭环。

2. 中观层面的衔接

从中观层面上讲，政府与慈善组织被视为两大独立的系统，二者的衔接表现为政府与慈善组织之间的互动过程。在案例8中，三大机构、两大主体由项目设计之初的"流水线"式衔接，逐步转变为后期的基本由草根社会组织提供"软件"服务，政府相关部门根据前者需求提供"硬件"物资支持，并对前者的工作效果与相关信息进行统计。在案例9中，必要合作模式只是这个项目在初期阶段的表现，随着项目的开展，后期会转化为其他衔接模式，政府与慈善组织之间的互动机制会发生变化。

3. 微观层面的衔接

从微观层面上讲，衔接机制被理解为救助过程中信息、资金、物资、人力等要素在不同主体之间的传播与流动。在被动双向型衔接模式中，涉及的衔接要素主要有信息、资金、人力资本（服务）、公信力（信任），其中资金与人力资本可以合称为资源。

在识别阶段，在案例8中，只有草根社会组织能够找到目标群体，完成外展干预工作，目标群体成员经过检测，一旦确定为感染者，则须上报疾控部门；同时，也有潜在感染者主动寻求草根社会组织进行检测，所以，救助信息在救助主体与救助对象之间双向流动。在两大救助主体之间，草根社会组织负责收集新增感染者信息，政府机构则提供既往病人信息，在必要情况下，还需专科医院的介入，信息在三大机构、两大主体之间流动，形成共享。在案例9中，政府将自身掌握的残疾人救助信息传递给慈善组织，慈善组织通过自身工作将扶贫效果信息传递回政府，形成救助信息在不同主体之间的整合与流动，从而推动整体救助工作的开展。

在支持阶段，在案例8中，根据分工，疾控中心主要在"幕后"，负责防治宣传手册、检测试剂、治疗药物等资源支持；草根社会组织则在"前台"，直接与目标群体打交道，提供专业服务，包括宣传倡导、检测、随访关怀、用药指导等，两大主体提供的救助资源合力完成救助核心阶段。案例8涉及服务衔接，不涉及人力资本的衔接。因为人群特殊，慈善组织与政府之间在人力资本上泾渭分明；服务上密切衔接，三个机构分工明确，环环相扣。而在案例9中，只涉及场地支持等广义上的资源衔接，不涉及人力资本乃至服务上的衔接。

在救助效果的保证方面，在公信力维度上，案例8涉及的衔接要素更准确地说是"信任"。MSM人群愿意承认自己的潜在感染者身份，并进行病毒检测，这实际上是基于对"圈内人"、对同类聚集的慈善组织的信任，这种信任转化为艾滋病确诊数据，为该项目进行提供可能。所以，在检测及随访关怀环节，疾控中心的公信力远不及草根社会组织；但在用药环节，疾控中心作为专业组织的公信力影响不可小觑。在案例9中，随着政府与慈善组织合作的深入，二者之间存在公信力的流转，从政府流向慈善组织。表现为公众会将慈善组织的助残服务视为政府救助的一部分。

第三节　四种模式的比较分析

一、四种模式的衔接维度比较

综合前述四种模式，如下表4-2所示，在衔接维度方面呈现如下特点。具体来说，四种衔接模式都实现了多数要素的衔接。需要说明的是，每种衔接模式都是变化发展的。例如，政府主导型衔接模式，根据不同的案例特点，经历了政府强制引导阶段、政府对话引导阶段和政府鼓励引导阶段。在不同的阶段，政府与慈善组织之间衔接的要素不尽相同。尤其是政府强制引导阶段，只存在资金一个维度上的衔接，在达成该项衔接背后，是以损害信息、资源与公信力三大衔接要素为代价的。但整体来说，随着政府主导型模式的转变，在后两个阶段基本做到了信息、资金、人力资本（服务）与公信力（信任）四个维度的衔接。除不同发展阶段外，本章中各衔接模式都列举了多个案例，以尽量对丰富的现实情况进行概括。尽管被归为同一类衔接模式，不同的案例中各要素的衔接也未必完全一致。在这种情况下，下表采取最大化原则，只要该模式中有案例涉及某种要素衔接，则视为该模式可以实现该要素的衔接。

表4-2　四种模式衔接要素比较[①]

	主动双向型衔接模式	政府主导型衔接模式	慈善主导型衔接模式	被动双向型衔接模式
信息要素		√	√	√
资金要素	√	√		√
物资要素		√		√
人力资本（服务）要素	√	√		√
公信力（信任）要素	√	√	√	√
制度要素	√		√	

从各衔接维度来看，制度要素与物资要素是在四种模式里衔接较少的，原则上是诸多衔接要素中难以形成衔接的两个要素。但是，由于资金与物资具有同质性，可以视为同一类要素[②]。这样，剔除物资要素后，制度要素是难以形成衔接的唯一要素。因此，如果在制度要素层面能够形成衔接，则表明该种衔接模式发育成熟。例如，当前政府购买服务是实践中发展比较成熟的，才得以形成制度要素的衔接。另一个需要关注的就是在四种衔接模式中都涉及资金和公信力要素的衔接，可见，在诸多衔接要素中，资金和公信力（信任）是最为活跃的要素，也是慈善救助与政府救助形成衔接时首当其冲的衔接维度。其他如人力资本（服务）与信息要素，在各种衔接模式下都是比较活跃的衔接要素。其中，尤其是信息要素，在当前信息社会的背景下，《慈善法》就慈善信息公开以及政府的信息分享等方面都进行了明确规定。需要说明的一点是，在政府购买这一相对成熟的衔接模式下，并非完全没有信息的衔接，政府通过招标方式向社会力量购买服务或者岗位，实际上是将政府在社会救助方面的需求信息向社会公布。从这

---

① "√"表示在此种衔接模式下存在该类要素的衔接；空白表示在该种衔接模式下，在已有案例中，尚未发现此类要素的衔接。

② 表4-2在设计上为了更清楚表明必要合作模式的特征，所以将物资要素单列。

个角度上说，信息的流转在主动双向型衔接模式下也是存在的。但这并非主动双向型衔接模式主要衔接要素，或者说，信息要素的衔接只是为了促成主动双向型衔接模式的必要条件。在主动双向型衔接模式中更重要、更直接的还是资金与人力资本（服务）要素的流转与衔接。

整体来说，四种衔接模式各具特色。前述四种模式，相对来讲，前两种更为常见。其中，以政府购买服务为代表的主动双向型衔接是最为规范的主流模式，与主动双向型衔接相比，其他三种模式属非常规模式：政府主导型衔接针对的是自然灾害、事故灾难和公共卫生事件等突发性、紧急情况，情况千差万别，而且救助要求时效性，"特事特办"，难以形成常规的规范化衔接。慈善主导型衔接与被动双向型衔接则是可遇不可求，在这两种类型中，政府均处被动地位，衔接的达成更依赖于慈善组织的专业能力，以及不可或缺性。以慈善主导型衔接为例，在众多慈善组织运行的公益项目中，收获良好社会效益的不在少数，而推动公共政策进程的则少之又少。而且与其他衔接模式不同的是，慈善主导型衔接中的主体是接力性衔接，而非合作性衔接，即完全由政府接棒。在被动双向型衔接中，不同于政府在其他模式中的优势地位，政府与慈善组织（社会组织）之间处于更加平等的地位，基于双方资源的互补性不得不形成深度合作。这种非常规救助领域的非常规救助衔接模式，仅从衔接效果来讲，应该是最理想的状态。

二、四种模式之间的转化与利弊比较

（一）四种模式之间的转化

本书对四种衔接模式的划分，是基于马克斯·韦伯的"理想型"概念工具，对丰富的衔接实践进行类型化，以进行总结分析。四种模式划分的标准，依据的是衔接实践中表现最突出的双方意愿或者积极性。因为是基于案例的质性研究，这种划分标准不具有客观性，在该标准下的四种衔接模式也存在重合与转化，这点在前文中已经有所提及。例如，主动双向型衔接模式与政府主导型衔接模式，二者之间实际是存在交叉的。政府将某一领域的服务列入购买服务目录，则表示政府对该领域的慈善组织服务持支持态度，体现了政府对该问题的重视。在某种程度上，主动双向型衔接模式与其他衔接模式并不在同一维度上，但是它作为政府与慈善组织衔接的独特方式，而且是当前应用最为普遍的方式，有必要对其单独论述。鉴于主动双向型衔接的成熟性与规范性，四种模式之间的转化，主要是指其他模式向主动双向型衔接转化的可能。如前所述，政府主导型衔接，在我国符合"集中力量办大事"的体制特征，基本不会转化为常规情况下的主动双向型衔接，但不排除在阶段性救助中，比如灾后重建阶段，开展政府购买服务。慈善主导型衔接作为唯一的接力性衔接，也不会转化为以合作性衔接为特征的主动双向型衔接。实践证明，被动双向型衔接是可以转化为主动双向型衔接的，随着盖茨基金会的退出，草根社会组织的登记注册，政府与社会组织被分别称为购买主体与承接主体。甚至可以说，被动双向型衔接是主动双向型衔接的特殊阶段，主动双向型衔接则是被动双向型衔接的常规化结果。

在各种模式变动与可能的相互转化之外，从发展趋势来看，随着相关法律制度规范的完善，主动双向型衔接作为契约型衔接模式，符合政府救助与慈善救助的发展方向，但并不代表其他衔接模式的没落或者消失，更可能的情况是，政府购买服务等更加规范的衔接方式将会缝隙性地进入各种衔接模式，从而成为各种衔接模式的组成部分。综上，四种衔接模式是动态发展的、相互交叉和相互转化的。对四种模式的分析应该以实践为基础，以有用为指导，动态理解和总结。

（二）四种模式的利弊比较

如表4-2所示，从各种模式的衔接要素判断，基本可以看出该模式的利弊。具体来说，有以下几点。

以政府购买服务为代表的主动双向型衔接模式的优势体现在衔接方式上比较规范，市场化操作模式可复制性强，能在各领域推广。除信息维度的衔接较为有限之外，主动双向型衔接模式基本做到了全要素衔接。但是，其缺陷也比较明显，当前我国慈善组织发展尚属起步阶段，能力有限，真正能够胜任政府购买内容者寥寥。另外，随着政府购买资金体量的不断加大，形成了一大批慈善组织专门依靠承接政府购买为生，失去了慈善组织本身的自主性与组织宗旨。不仅对政府资金的过分依赖会消磨慈善组织的专业性，政府购买中的恶性竞争更是不利于慈善组织的行业生态发展。基于此，前文在主动双向型衔接模式中提到的财政补贴案例，是通过政府资金引导其他社会资金参与，有助于慈善组织扩展资金来源渠道，并降低对政府的依赖程度。该做法对提高慈善组织独立性与专业能力具有积极意义。

政府主导型衔接模式符合当前政府与慈善组织关系的根本原则。该模式的优势在于，在重大灾害救助领域，在政府主导下，能够快速形成衔接，集中政府与慈善力量办大事，解决大问题。但缺陷也比较明显，正如前文提到的，该种模式经历过不同的阶段：政府强制引导阶段、政府对话引导阶段、政府鼓励引导阶段。显然，后两个阶段是较为理想的政府主导型衔接模式，但是政府如何引导，在引导中的责任与边界在哪里，是这个模式中有待进一步探讨的问题。"举国救灾的体制不可持续，而慈善事业同样能够在救灾与灾后重建中发挥有益作用，如果能够同步发展，则政府的责任边界会走向清晰"[①]。所以，政府主导型衔接模式在方向和原则上是正确的，但具体内容仍需完善。

慈善主导型衔接模式的优势体现在，慈善组织以其灵活性补充政府救助的空白。与以往的慈善救助在政府已救助基础上进行补充不同，慈善主导型衔接模式下，慈善救助对政府救助的补充具有开启性意义，是典型的自下而上形成的衔接，突出了慈善救助的专业性与不可替代性。实践中的慈善主导型衔接常常表现为与其他衔接模式的混合。比如，在免费午餐项目中，政府"接棒"形成普惠式救助以后，免费午餐公募基金仍然在政府救助基础上开展专业救助，或者转向政府购买服务方式。缺陷是慈善主导型衔接模式形成衔接的一种比较特殊的方式，通过慈善组织行为引领政府

---

① 郑功成：《中国社会救助制度的合理定位与改革取向》，《国家行政学院学报》2015年第4期。

行动并非易事，需要多方面的因素与条件，所以，慈善主导型衔接模式并非常见模式与常规模式。

被动双向型衔接模式的优势主要在于，基于实践需要形成的衔接分工比较科学，充分展现了慈善组织尤其是基层慈善组织在某些领域不可替代的特殊作用，锻炼了慈善组织能力，促进了慈善组织发展，为政府与慈善组织衔接合作提供了样本。比如在艾滋病救治领域，政府通过案例项目认识到了基层慈善组织的重要作用，整体上有利于慈善组织的发展。但缺陷也很明显，防治艾滋病项目是在强势基金会支持下进行的，一方面该项目强调慈善组织与政府的合作，另一方面项目资金充裕，各方不存在资金上的后顾之忧，才能形成该种衔接模式。该种模式具有临时性特点，实践中该模式通常会转化为政府购买服务下的主动双向型衔接模式。

比较以上四种衔接模式，政府购买服务为代表的主动双向型衔接是当前最为成熟的衔接模式，已经有了明确的制度，适用范围广，可操作性强，在救助领域也必将大规模发展。政府主导型衔接模式也是政府救助与慈善救助衔接的大方向，今后一段时间内也将长期存在。需要多加讨论比较的是慈善主导型衔接模式与被动双向型衔接模式。二者具有相同点，比如都是基于同样的项目目标，形成了较为理想的慈善组织与政府的合作，取得了非常好的合作效果；二者的形成都需要具备特殊条件；二者都不适于大范围推广；二者都具有临时性衔接的特点。但是二者也存在区别：慈善主导型衔接模式需要的条件是强势的慈善组织；而被动双向型衔接模式则需要能将政府与慈善组织衔接在一起的强势第三方。

第四节　四种衔接模式的衔接经验

前述四种衔接模式不仅在实践中存在，而且部分模式的运作已经相当成熟，成为慈善救助与政府救助衔接的核心模式与方式。那么，这四种衔接模式中呈现出的共同特征有哪些，即当前慈善救助与政府救助衔接得以形成的条件，或者可以表述为既有实践提炼出的衔接经验，本书提炼出以下几点。

一、强调政府在衔接中的主导地位

政府主导既是我国慈善救助与政府救助衔接的特色，也是经验。与西方国家强调民间慈善与政府救助平等发挥作用不同，我国慈善救助与政府救助的衔接并非二者势均力敌的合作。政府在救助信息掌握、救助资金保障等各方面表现出来的整体救助能力远超慈善组织。依照我国现状，慈善事业在整体发展上仍然有赖于政府引导。在二者的救助衔接方面，政府自然起主导作用。这里的主导作用是指，政府占据主动地位，对衔接方式、衔接内容等有决定权，慈善救助则处于配合地位。

根据衔接概念，衔接强调二者之间顺畅无缝地配合，以个体功能发挥为前提。政府在与慈善组织的衔接中，不仅发挥自身"托底线"的救助功能，还承担二者衔接过程中的指挥功能。政府在衔接中的主导功能，是与当前政府与慈善组织各自的能力地位分不开的。在前述的四种衔接模式中，主动双向型衔接下的政府购买服务是典型的买方市场，政府占据主导地位，决定购买内容，引导慈善事业发展方向。政府主导型衔接模式下更是政府主导，这里需要不断探讨的是政府主导的边界问题。在慈善主导型衔接模式下，慈善组织虽然先行，看似"带路"，实则最终目的也是带动政府"出手接棒"，形成接力式与合作式双重衔接。在被动双向型衔接模式下，理想救助效果的达成需要与慈善组织合作，政府掌握救助政策与救助资金，慈善组织的合作必须依照政府框架进行，也是政府占据主导地位。从衔接实践来看，政府在衔接中占据主导地位，将在未来一段时间内持续存在。

二、慈善组织发挥专业性、灵活性特征

政府主导二者衔接的同时，慈善组织也积极发挥能动作用。实现与政府救助的衔接，对慈善组织来说，不仅能达到更理想的救助效果，还有利于慈善事业的发展与慈善组织自身能力的提升。与政府救助的刚性相比，

慈善组织"以其柔性的力量发挥着民生安抚、资源再分配的功能"①。不仅如此，慈善组织在救助对象选择上、救助资源筹集上，都更加灵活、更具专业性。这样刚柔相济，政府与慈善组织才能在互补中形成衔接，在衔接中形成互补。这点在慈善主导型衔接模式中表现最为突出：贫困地区学童就餐问题、事实孤儿救助都不在政府救助的法定框架之内，但现实有需求。对此，慈善组织"打头"救助，推动政府"接棒"衔接。政府"接棒"之后，并非万事大吉，慈善组织仍然要持续与政府的合作式衔接。

> 比如各地政府在获得学生营养补助这一块时，要么当地政府不知道如何操作正餐供应，索性外包；要么当地政府过于贫困，无力配套食堂进行正餐供应，不得不外包采购食品；要么当地官员试图从中渔利，抵制正餐，坚持采购，因此免费午餐还不能马上退出，不仅要将国家的钱引出来，还需要协助做好监督，将学生营养补助真正做好。②

慈善组织的灵活性，不仅体现在救助对象与救助资源的灵活上，还体现在救助内容、救助方式等多个方面，因此，在与政府衔接的过程中，尽管政府占主导作用，但慈善组织以其灵活性与专业性形成补充与监督，为达成完美衔接贡献了力量。

三、注重实现优势衔接

政府救助是法定救助，在救助对象、救助标准、救助方式等方面有明确规定，救助资源由政府财政资金作为保证，这是政府救助的特征。慈善救助具有灵活性、专业性，"旨在培育和传播社会普遍的善"③，慈善资源依靠社会公众，具有广阔空间。慈善救助与政府救助形成衔接，不是政府救助功能与慈善救助功能的简单叠加，而是在衔接过程中实现二者的优势衔

---

① 毕素华：《官办型公益组织的价值突围》，《学术研究》2015年第4期。
② 资料来源：根据访谈录音整理；访谈人：本项目负责人；访谈对象：M项目基金发起人；访谈日期：2015年9月。
③ 毕素华：《官办型公益组织的价值突围》，《学术研究》2015年第4期。

接，整体上促进救助事业更具成效。在各个衔接要素中，政府救助的优势主要体现在救助信息与救助资金上，慈善救助的优势则体现在其灵活多样的救助服务上。以前述四种衔接模式为例，每种模式都围绕着政府救助资金与慈善组织救助服务展开，通过一定的衔接方式实现优势衔接：主动双向型衔接模式下的政府购买服务以购买方式实现衔接；政府主导型衔接模式通过政府各种引导方式实现衔接；慈善主导型衔接模式中突出体现了政府和慈善组织各自的救助优势；被动双向型衔接模式则更突出了政府资金救助与慈善组织服务救助和能力救助的多种救助方式的合作。所以，无论是衔接方式还是衔接机制，只有实现优势衔接，通过衔接使二者的救助优势得以更好发挥，才是成功的衔接。

本章主要对慈善事业与社会救助的衔接模式进行了归类、总结与分析。根据笔者实证调研，以衔接意愿为主要标准，结合衔接方式与衔接内容等其他因素，将慈善事业与社会救助的衔接归类为四种模式：主动双向型衔接模式、政府主导型衔接模式、慈善主导型衔接模式、被动双向型衔接模式。本书采用多案例研究方法，每种模式有 2—3 个覆盖不同时间、不同救助领域的案例作为辅助，以对该模式衔接特征、衔接机制进行分析。在此基础上，对四种衔接模式进行比较分析，得出以下结论：资金衔接与公信力（信任）衔接是四种模式中均涉及的，其他衔接要素在四种模式中各有覆盖；四种衔接模式各有利弊，而且存在各模式之间相互转化的情况。进一步总结了四种模式中的衔接经验：强调政府在衔接中的主导地位；慈善组织发挥专业性、灵活性特征；注重实现优势衔接。

值得指出的是，在本章衔接模式的划分层面，没有区分官办慈善与民办慈善。主要原因在于，衔接模式是基于衔接双方的某一共同要素为依据，而不以某一方的个别分类为依据。其实，从本章的分析中不难看出，在主动双向型衔接模式中，主要以与民办慈善组织的衔接为主；在政府主导型衔接模式中，则侧重于与官办慈善组织的衔接；在慈善主导型衔接模式与被动双向型衔接模式中，则均以民办慈善组织为主。

第五章

多元参与不足：衔接存在的
问题与根源分析

　　本书的第三章与第四章，分别就我国当前慈善救助与政府救助衔接的现状与模式，以数据与案例进行了说明分析。实践表明，我国当前已经形成了慈善救助与政府救助的衔接，并表现为不同的模式，形成了一定的衔接经验。然而，从福利多元主义和多元治理理论视角来看，多元并重的、长效的衔接机制仍然没有建立起来。综观慈善救助与政府救助的衔接现状与模式，仍然存在衔接主体定位不清、衔接方式单一、衔接要素未实现全覆盖等问题，本章将对这些问题进行总结分析，并进一步探讨其背后深层次根源。

第一节　衔接中的问题表现

　　慈善救助与政府救助在衔接中存在的问题是多方面的，本节将其概括为衔接主体、衔接方式、衔接资源与衔接机制四个方面，每个方面又将分三个层面展开。从多元治理角度讲，当前衔接中存在的问题，实际上是救助领域治理参与不足的表现，尚未形成多元参与的救助，救助福利的来源也呈多元化。

一、衔接主体：定位不清

笔者认为，慈善救助与政府救助衔接中的首要问题是衔接主体定位不清。衔接主体主要包括政府与慈善组织，衔接主体定位不清是指政府与慈善组织在救助中的衔接边界不清楚，存在混乱，导致政府出现越界情况，从而难以形成有效衔接。衔接主体定位不清主要表现为政府与慈善组织边界不清、部门设置易引发混乱、慈善组织定位不明确三个方面。

（一）政府与慈善组织边界不清

"慈善会系统是我国在特定历史时期建立起来的一种慈善事业运行机制，是我国仅次于红十字会系统的第二大慈善组织系统。"[1] 与红十字会系统一样，慈善会系统虽然身为慈善组织，但在人员编制、资金募集以及机构职能上具有强烈的官办色彩。慈善会系统运用政府资源，履行行政管理职能，具有"官民交错"的混合属性，是我国典型的官办慈善组织。2016 年《慈善法》出台后，部分地方基金会开始了"去行政化""去垄断化"的体制改革，改革效果有待评估。2019 年，作为"行业抓手，慈善会等官办慈善组织"[2] 仍要大力发展。可以预见，在未来相当长的时间内，慈善会与红十字会系统等官办慈善组织仍将是我国慈善事业的中流砥柱。政府与慈善组织的边界不清，主要是与官办慈善组织的边界不清。即使在改革后，脱离行政隶属关系，慈善会的人员、职能仍然与政府有着斩不断的关联。本节将以慈善会为例，说明政府与官办慈善之间界限不清的具体表现。

第一，名为慈善组织，身在政府序列，游走于政府与社会之间，拥有双重资质和话语体系，这样的官办慈善组织自身定位不清。由于历史原因，慈善会既是社会领域的慈善组织，也是国家的政府部门[3]。其表现为，地方慈善会在资金、人员、功能上与政府高度同质。例如，北京市民政局在 2012 年成立慈善工作处之初，调动北京慈善联合会负责人前来主持工

---

[1] 杨团主编：《慈善蓝皮书：中国慈善发展报告（2020）》，社会科学文献出版社 2020 年版。

[2] 同上。

[3] 杨容滔：《官办慈善会系统转型发展探析》，《法制与社会》2015 年第 27 期。

作。实际上，地方慈善会通常被设置为民政局的处室，"一套人马、两块牌子"。

> 慈善会系统是存在问题的，省级以上（慈善会）是有人的，是实体组织，我地级市以下慈善会是一个空架子，只有这个名字，包括我 ×× 市慈善总会。我原来是救灾救助处处长，我们救灾救助处总共三个人，既要负责救灾，又要负责慈善……我需要用钱做项目的时候，要去找市长、找副市长、找老书记，因为他们是（慈善会）会长，会长都是由这些退下来的领导兼任的。那么我（执行部门）要做什么，都要向会长报告。①

不仅在人员机构设置上，慈善会与民政局存在交叉，而且在资金募集与使用上，政府与慈善会之间也纠葛不清。

> 在募集资金时，需要政府参与，并采取一定的组织措施。政府的介入难免引起公众的疑虑，老百姓就会觉得，自己捐的这个钱，好像被政府做了财政某一些方面的补充，实际上也确实存在这个问题。所以，现在政府插手以后，这个事它不独立出来，不像红十字会那样，很难做好。②

第二，公众对其关系定位不清。在公众的认知中，官办慈善组织与政府通常被合二为一，混为一谈。仍然以慈善会为例，慈善会的基层救助工作，经常被认定为政府行为。

> 我们慈善协会搞过很多活动，包括一些慰问活动，给人去送钱的时候，我们已经千方百计地告诉他了，或者是三番五次告诉他这是 ×× 区给您的救助，我们是 ×× 区慈善协会，我们代表的是社会爱心人士和爱心企业，但他拿到钱以后，说的第一句话是感谢党、感谢政府。我们跟他说我们不代表党、不代表政府，我们是代表社会。人家也说，没有党和政府，能有你们这样的

① 资料来源：根据访谈录音整理；访谈人：课题组成员；访谈对象：W市民政与慈善会系统工作人员；访谈日期：2017年9月。
② 资料来源：同上。

吗？这倒也是。①

（二）部门设置易引发混乱

在实践中，与慈善事业和社会救助对应的政府部门都是民政部门。根据《民政部职能配置、内设机构和人员编制规定》，2019 年初，慈善事业促进和社会工作司作为新成立司局，与原有的社会救助司并列；同时，新设养老服务司和儿童福利司，有关扶老、救孤的救助工作又增加了相关部门。2018 年 5 月，国家医疗保障局正式挂牌成立，作为国务院直属机构，与民政部并列，并作为医疗救助的主管部门。2018 年 4 月，应急管理部挂牌成立，灾害救助管理业务从民政部门统归应急管理部。所以，社会救助在业务内容上，分属民政部、国家医疗保障局和应急管理部三个部委机构，与慈善事业分属民政部内部不同司局，不同人群救助同样涉及不同部门。在地方政府部门设置中，情况更加复杂，与社会救助相关的不仅有民政部门，还有教育部门、卫生部门、人社部门、住房城建部门等。而且在实际运行中，居委会与村委会代办最低生活保障、中小学校代办教育救助等代办制长期存在。如此一来，社会救助制度从制度制定到实施，涉及多层、多重部门。与慈善事业相关的，除政府部门设置中的"促进"部门外，还有各级慈善总（协）会、各级红十字会等官办慈善组织，也负有慈善行业管理职能。要实现慈善事业与社会救助之间的衔接，就要涉及上述所有部门。多部门林立，不同部门的不同职能设置，增加了衔接主体，使实践中的衔接工作更加复杂。

> 2015 年我们就开始调研，试图贯彻民政"大救助"的概念，把各部门负责的救助弄到一块，你比如说教育救助；工会救助，困难群众救助很多都归工会；残联救助，残联救助也是很大的一块，等等。但调研了以后，到现在几年过去了，还是各自为政，这是没有办法的事情。比如工会就反馈说，总工会要救助的对象范围很大，把那块救助执行让民政来做的话，不可能。所以，民

---

① 资料来源：根据访谈录音整理；访谈人：课题组成员；访谈对象：北京市 C 区慈善协会负责人；访谈日期：2017 年 8 月。

政在救助标准、救助边界、救助规范等方面无法发挥权威作用。[1]

(三) 慈善组织定位不明确

第一，官办慈善组织定位模糊。慈善会在经历体制改革后，仍然是"以社会团体之名，行基金会之实"[2]。尽管在法律身份上是社会团体，实际上是我国接受社会捐赠的主要主体之一，近年来，三成左右的社会捐赠流向基金会。同时，在对慈善事业的规划与监管中，慈善会是政府的助手，多地的慈善事业发展政策和慈善事业的表彰等活动都是由慈善会一手负责。可以说，慈善会身兼"运动员""裁判员""教练员"等多重角色[3]。

第二，慈善组织数量下降，制度定位不清。关于当前我国慈善组织数量，我们查到两组不同数据：一是截至 2019 年 11 月底，全国登记认定慈善组织超过 7500 家[4]；二是截至 2020 年 6 月 30 日，全国共登记认定慈善组织 7169 个[5]。无论采用哪组数据，相对我国超 87 万的社会组织总量，慈善组织的占比都很低。全国人大常委会执法检查组检查《慈善法》实施情况的报告显示，2017 年至 2019 年，新登记设立的慈善组织数量呈现逐年下降趋势。与逐年增长的社会组织数量相比，存在反差。一方面，这与《慈善法》对慈善组织登记认定的规定有关；另一方面，表明与一般社会组织项目相比，慈善组织政策"含金量"不高，无特殊政策优惠，导致社会组织没有动力去申请认定为慈善组织。这就直接导致慈善事业的主体仍然是社会组织，而非法律意义上的慈善组织。同时反映出慈善组织与一般社会组织之间没有明确的界限，导致慈善组织在制度上定位不清。

---

① 资料来源：根据访谈录音整理；访谈人：课题组成员；访谈对象：C 市民政与慈善会系统工作人员；访谈日期：2017 年 9 月。

② 朱健刚、严国威：《治理吸纳慈善：2019 年中国慈善事业综述》，载杨团主编：《慈善蓝皮书：中国慈善发展报告（2020）》，社会科学文献出版社 2020 年版。

③ 杨容滔：《官办慈善会系统转型发展探析》，《法制与社会》2015 年第 27 期。

④ 罗争光、杨凌伟、杨湛菲：《全国登记认定慈善组织超 7500 个》，《人民日报》2020 年 1 月 22 日。

⑤ 张春贤：《全国人民代表大会常务委员会执法检查组关于检查〈中华人民共和国慈善法〉实施情况的报告》，2020 年 10 月 15 日，见中国人大网，http://www.npc.gov.cn/npc/c30834/202010/afc0a05adb4242b49920c2251017205e.shtml。

第三，慈善组织与网络募捐关系不清。网络募捐已经成为慈善资源筹集的重要途径。2019年上半年，民政部指定的20家互联网公开募捐信息平台，为全国1400多家公募慈善组织发布募捐信息1.7万余条，累计获得52.6亿人次的点击、关注与参与，募集善款总额超过18亿元[①]。但是，慈善组织与募捐平台之间的关系界定、委托费用收取等方面，缺乏规范与规定。

二、衔接方式：有待丰富

政府救助与慈善救助的衔接，本质上是政府与慈善组织之间的合作。囿于我国独特的政社关系，政府与慈善组织之间的合作形式主要限于政府购买服务、委托经营、财政补贴等，并且以政府占据主导地位。因此，政府救助与慈善救助在衔接方式方面，不仅存在单一的问题，而且规范性不足。

（一）政府购买服务制度有待完善

政府购买服务是当前慈善救助与政府救助衔接的主要方式，也是最为成熟的方式。在取得成效的同时，仍然存在一些问题。

第一，购买中的买方市场，造成政府与慈善组织之间地位不平等。政府购买服务模式下，是政府资金与慈善组织服务的衔接，由于购买资金的稀缺，形成以政府为中心的买方市场，政府在引导慈善组织的同时，也容易造成慈善组织对政府的依赖。

> 对于现在的社工机构[②]所有的都是政府购买服务。在初期是联合会帮忙，联合会相当于一个孵化机构，政府通过联合会管理。现在北京的社工机构离开政府都不能存活。除非是企业大老板出身，目前北京市一百多家社工机构，离开政府谁也活不了，一年有80%的经费来自政府，有的几乎是100%。[③]

① 参见《王爱文与互联网公开募捐信息平台座谈并在河北雄安新区调研》，2019年8月21日，见民政部门户网站，http://www.mca.gov.cn/article/xw/mzyw/201908/20190800018963.shtml。

② 访谈中提到的社工机构，法律身份是民办非企业单位，属于社会服务类社会组织，是政府购买服务的重要主体，属于慈善类社会组织范畴，是广义上的慈善组织。

③ 资料来源：根据访谈录音整理；访谈人：课题组成员；访谈对象：北京X区L社工事务所负责人；访谈日期：2017年3月。

第二，某些政府购买容易造成慈善组织恶性竞争，不利于行业生态。政府购买也是进行慈善组织培育的重要途径，尤其在慈善组织初创时期，"活下去"是硬道理，无法形成稳定的组织活动领域。此时，为竞争政府扶持资金，往往出现削足适履的情况，多家慈善组织竞争同一项目。对此，地方政府通常会通过业务主管单位对不同慈善组织的活动领域，或者服务对象进行规制、划分，但仍不能完全避免恶性竞争。

第三，政府购买项目周期短，不利于项目与慈善组织发展。政府购买项目，依托的是财政资金，财政资金在管理上比较严格，项目周期通常依据财政预算年度来定。但是项目拨款周期又相对较长，导致项目主体在经费实际到账后开展项目时间短，而且资金使用程序繁杂，既不利于项目实施，也不利于慈善组织能力建设。

（二）行政指导与强制有待改善

在第四章政府主导模式下，如同案例 3 到案例 5 中所反映的，政府与慈善组织之间的衔接大多是通过政府行政命令的方式建立的，这种行政命令既有行政指导，也有行政强制。行政指导统筹表现为，政府指定某几家官办慈善组织作为接受社会捐赠的主体，这在武汉抗疫中就出现过。行政强制则表现为通过红头文件下达命令，如玉树地震救灾中政府的强制汇缴行为。实践证明，在某些紧急状态下，这种方式快捷有效。但是从促进慈善救助与政府救助衔接的长效性来看，这样的衔接方式混淆了政府与社会的边界，挫伤了慈善事业的发展热情，不是上佳的衔接方式选择。

（三）监督、监管式衔接不足

整体上，根据全国人大常委会执法检查组关于检查《慈善法》实施情况报告，由于"缺人少编"等原因，行政部门对慈善组织的监督与监管不到位。对此，通过建立政府救助与慈善救助之间的衔接，一定程度上可以形成监督或者监管式衔接，以解决上述问题。但根据笔者实践调查和四种衔接模式反映的情况来看，在实践中很少形成带有监督、监管含义的衔接。在已有的衔接或者衔接设计中，缺乏政府对慈善组织的监管，更缺乏慈善组织对政府行为的监督。尚未形成以衔接促能力提升、以衔接促监督监管的效能。

三、衔接资源：尚待整合

慈善救助与政府救助衔接的核心是救助资源的衔接。政府的救助资源主要表现为救助对象信息、救助资金等，相对稳定。慈善组织的救助资源主要来源于社会捐赠，相对灵活。在实践中，存在慈善资源分布不合理、慈善救助领域同质化严重，以及志愿服务等慈善资源仍有待发掘等问题；政府救助资源也存在叠加救助① 问题，导致政府救助与慈善救助衔接中的资源衔接仍尚待整合。

（一）慈善资源分布不合理

社会捐赠是慈善资源来源的主要渠道之一。在我国，接受社会捐赠的主体较多，不仅包括慈善组织等社会领域的组织，政府部门也是捐赠资源的接收主体。以 2020 年我国社会捐赠接收的构成为例，如图 5—1 所示，接收社会捐赠的主体非常广泛，包括政府部门、事业单位、社会组织、慈善会系统及宗教场所等。在众多主体中，与慈善组织直接相关的有三类②，包括基金会、参与年检的社会团体与社会服务机构、慈善会系统。三者累计接收捐赠 1294.02 亿元，占当年捐赠总额的 71.93%。慈善资源分配不合理体现为：一方面，社会捐赠并非完全进入社会领域，还有 12.22% 的社会捐赠流入政府部门与事业单位；另一方面，在前述三类广义的慈善组织中，慈善会与相当比例的基金会都是官办慈善组织，行政色彩浓厚。这样一来，真正需要与政府救助衔接的政府掌控之外的慈善资源比例并不高。尤其是政府在与慈善组织的慈善资源衔接的同时，也需要考虑自身掌握的慈善资源与自身救助资源相衔接的问题。

---

　① 叠加救助是指其他救助项目均叠加到最低生活保障之上，造成政府救助资源的集中化问题。

　② 这三类组织中，基金会和参与年检的社会团体与社会服务机构作为社会组织，可以直接登记或者申请认定为慈善组织；慈善会系统则是具有行政背景的官办慈善组织。

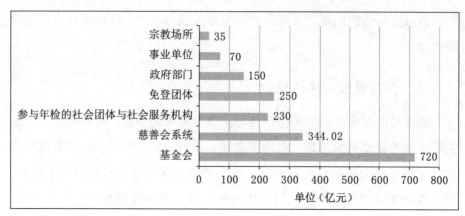

图 5—1　2020 年中国社会捐赠接收主体构成 ①

（二）慈善救助领域同质化严重

慈善救助资源与政府救助资源难以有效整合还表现为：慈善救助领域高度集中，同质化严重。如图 5—2 所示，这是截至 2020 年 9 月 4 日，基金会中心网统计的基金会项目在不同领域的占比情况。根据该统计数据的分类标准，基金会 26352 个项目中，集中分布在教育、扶贫助困、公共服务和医疗救助四个领域。这四个领域中，教育、扶贫助困和医疗救助与救助直接相关，夯实了慈善救助与政府救助衔接的基础。然而，教育领域项目占比将近 50%，说明全国基金会关注领域严重同质化。更说明，以基金会为代表的慈善组织多关注教育救助、扶贫助困以及医疗救助，对其他救助领域关注有限。这样就导致慈善救助与政府救助的衔接也局限于上述三个领域，对其他领域的救助工作开展是不利的。这里需要补充说明的是，慈善救助开展领域由慈善组织自身自由决定，不能要求慈善组织尤其是民间慈善组织承担全领域救助，这不符合慈善事业属性。某些救助领域的救助工作不能由慈善组织承担，只能适用政府救助，如住房救助与就业救助等。即便如此，慈善救助领域的高度集中可能导致资源分配不均，容易造成单点过剩的局面，既不利于慈善事业的发展，也不利于慈善救助与政府救助的衔接。

---

① 杨团、朱健刚主编：《慈善蓝皮书：中国慈善发展报告（2022）》，社会科学文献出版社 2022 年版。

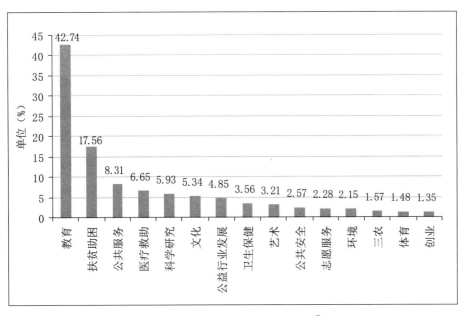

图 5-2　基金会各项目领域占比 [①]

（三）志愿服务等慈善资源仍有待发掘

本书认为慈善救助与政府救助衔接的经验之一，是政府的救助资金优势与慈善组织的救助服务优势的有效衔接。所以，志愿服务作为重要慈善资源，对政府救助与慈善救助的衔接至关重要。根据《慈善蓝皮书：中国慈善发展报告（2021）》公布的数据来看，如图 5-3 所示，从 2013 年到 2020 年，志愿服务组织数量、志愿者贡献价值、志愿服务时间、志愿服务参与率等指标都在持续性增长。2019 年中国志愿服务指数总体增长 5%。然而，在美国，截至 2017 年，16 岁以上人口的志愿服务参与率就达到了 26.4%，志愿服务时长为 80 亿小时，贡献价值合计 1620 亿美元 [②]，超过我国 2020 年的数据。可见，与慈善事业发达国家相比，志愿服务仍然是我国慈善事业的短板，阻碍着慈善救助与政府救助的有效衔接。我国的志愿服务仍待进一步发掘推动。

---

① 基金会中心网：《北京市基金会概况 2021》，数据统计截止时间：2020 年 9 月 4 日。

② 《中国和美国志愿服务情况对比》，见中国生物多样性保护与绿色发展基金会网站，http://www.cbcgdf.org/NewsShow/4856/1480.html，最后检索时间：2021 年 1 月 15 日。

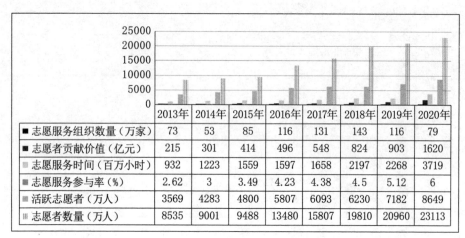

	2013年	2014年	2015年	2016年	2017年	2018年	2019年	2020年
■ 志愿服务组织数量（万家）	73	53	85	116	131	143	116	79
■ 志愿者贡献价值（亿元）	215	301	414	496	548	824	903	1620
□ 志愿服务时间（百万小时）	932	1223	1559	1597	1658	2197	2268	3719
■ 志愿服务参与率（%）	2.62	3	3.49	4.23	4.38	4.5	5.12	6
▨ 活跃志愿者（万人）	3569	4283	4800	5807	6093	6230	7182	8649
▥ 志愿者数量（万人）	8535	9001	9488	13480	15807	19810	20960	23113

图 5-3 2013—2020 年志愿服务发展指数比较 [①]

四、衔接机制：亟待建立

《民政部关于加强政府救助与慈善帮扶有效衔接的指导意见》中指出，"建立健全民政部门与慈善组织信息互通、资源共享机制""加强公益慈善力量参与社会救助的激励支持"。最新的政策要求说明，当前政府救助与慈善救助之间的衔接机制建立健全情况仍不容乐观，尤其在信息共享机制、动员激励机制、对话协调机制等方面仍然存在问题与不足。

（一）信息共享机制待完善

在信息共享方面，已有的《社会救助暂行办法》与《慈善法》都作出了相应规定。《社会救助暂行办法》第五十六条规定："社会救助管理部门及相关机构应当建立社会力量参与社会救助的机制和渠道，提供社会救助项目、需求信息，为社会力量参与社会救助创造条件、提供便利。"《慈善法》第八十三条第二款规定："……县级以上人民政府有关部门应当在各自职责范围内，向慈善组织、慈善信托受托人等提供慈善需求信息，为慈善活动提供指导和帮助。"第八十四条规定："县级以上人民政府民政部门应当建立与其他部门之间的慈善信息共享机制。"从规定内容上看，信息共享

---

① 杨团、朱健刚主编：《慈善蓝皮书：中国慈善发展报告（2021）》，社会科学文献出版社2021 年版。

的建立仍然强调政府责任。在实践中，政府也确实履行了这一责任。以北京市为例，北京市民政局慈善工作促进处从 2014 年就开始推行信息平台建设："把慈善需求信息和供给信息都放到这个平台上，实现慈善需求与供给信息的对接与共享，为慈善资源的有效配置提供信息技术保障。"[①] 但这仅限于慈善事业内部信息共享，政府与慈善组织之间救助信息的共享机制仍有待完善。同时，随着网络慈善的兴起，互联网平台成为慈善信息发布的主阵地。慈善募捐与慈善需求等信息在互联网平台与社交媒体上迅速传播。如何对这一现象进行规范与引导，防止虚假信息的出现与传播，推进信息的有效衔接与共享，是新背景下完善信息共享机制的新要求。

（二）动员激励机制待加强

在慈善救助与政府救助衔接的组织动员方面，各部门条块分割严重。在救助体系中，低保属于民政部门，医保属于医疗卫生部门，学费减免属于教育部门，残疾人救助属于残联。慈善事业管理也存在不同部门，如北京市民政局涉及慈善事业管理的就有社会组织工作处和慈善工作处两个部门，此外，慈善会系统也承担部分慈善事业行政管理职能。在社会动员方面，如前所述，我国志愿者资源在数量上有进步，但与发达国家相比差距很大，缺乏专业化的、分工明确的、覆盖面广的、高效灵活的志愿者队伍。

激励机制可以分成两个层面：首先，政府承担引导慈善事业发展的行政职能，但在促进慈善事业发展上尚未建立有效的激励机制，导致近年来慈善组织登记数量不增反降[②]。其次，慈善救助与政府救助衔接的激励机制尚未建立，慈善组织各行其是，如图 5-2 所示，慈善组织开展救助领域集中化、同质化严重。慈善组织开展慈善救助活动，秉承的理念与目标均与政府不同，没有动力与政府救助去衔接。对此，我们应该设计激励机制，引导慈善组织资源与政府救助形成衔接。同样从实践来看，当前的激励衔接机制也是有待建立与加强的。

---

①　陈卫红：《支持社会力量参与社会救助工作的政府作为》，《中国社会组织》2014 年第 20 期。

②　根据全国人大常委会执法检查组检查《慈善法》实施情况的报告显示，"2017—2019 年，我国新登记设立的慈善组织数量呈现逐年下降趋势。"

作为政府部门来说，在衔接过程中，比如说政府救助的哪一块我做不了，你红十字会要做这个，或者说民间慈善你要帮我做那个，又变成政府指令性的，这样可能是不妥的。因为慈善组织它是独立性的组织，要有自己的组织意愿和执行，慈善组织怎样与政府去衔接，怎么做是自己的事情，它（慈善组织）不要政府来命令。[①]

（三）对话协调机制待建立

早在 2006 年，民政部就与中华慈善总会等 15 家慈善组织签署了《救灾救济合作伙伴关系协议书》，效法英国著名的《政府与志愿及社区组织合作框架协议》，试图在救灾救济领域形成政府与官办慈善组织的衔接模式。该协议书以开放性为原则，鼓励慈善组织加入，主要内容包括：民政部门向慈善组织及时通报政府有关慈善公益方面的法律、法规、政策和工作动态，提供救灾救济工作信息，提供开展慈善公益救助对象的信息等；慈善组织及时向民政部门通报开展慈善公益救助活动的情况动态、慈善公益项目进展和募捐活动情况等。然而，从目前来看，当年的合作伙伴关系协议书内容比较简单，而且多半内容并未落实。关键是合作伙伴关系最基本的平等对话原则与协商协调机制并没有建立起来。如玉树地震救灾中，中国扶贫基金会等 15 家被强制汇缴的慈善组织，大部分参与签署了上述协议。但面临突发情况需要与政府沟通时，慈善组织仍然走传统的业务主管单位途径，且效果有限。

青海（玉树）这个案例实际上是需要和政府密切结合的，但这个结合要讲究策略，政府简单化（处理）就不行了。如果要大体结合，这个结合点应该要换一种方式。例如关于恢复重建，固然会有接受捐款的基金会，比如大家（包括政府与相关慈善组织）商量一个方案，去建一个共同的账号，善款都打到这个账号，大

---

① 资料来源：根据访谈录音整理；访谈人：课题组成员；访谈对象：W 市民政与慈善会系统工作人员；访谈日期：2017 年 9 月。

家集体决定，互通信息，那可能就是另外一个（较好的）效果。可能最后账（善款）还是打到青海，但是大家（慈善组织）都高高兴兴。通过政府（强制汇缴）是一个方法问题，明显这个方法不当，你（政府）发一个通知大家都汇缴善款，大家能没有意见吗？问题就出在这里。[①]

官办慈善组织与政府的对话协调尚且存在困难，民办慈善组织则更是缺乏渠道。要建立衔接，政府与慈善组织之间的对话协调必不可少，而当前二者之间的对话协调既缺平台，也缺机制。

第二节　根源分析

一、国家与社会边界不清

从国家与社会关系角度来讲，在中华人民共和国成立后，我国存在"国家办社会"的传统，国家与社会合二为一，形成"总体性社会体制"[②]，国家包揽各项社会事务。对此，多种不同理论，包括公民社会理论、法团主义、人民社会理论等作为竞争性理论框架，曾被学者们广泛用于解释国家与社会的关系。其中，康晓光等提出的"行政吸纳社会"理论，对政府与慈善事业之间的关系具有相当解释力。"一般来说，慈善本是民间的事业，在慈善生态系统中，民间建构的秩序应该处于主导地位。"[③]但是，我国当前恰恰相反，在慈善生态系统中，"政府处于主导地位，民间处于辅助地位，在政府的控制下发挥拾遗补阙的辅助型作用"[④]。作为社会领域的慈善事

---

①　资料来源：根据访谈录音整理；访谈人：课题组成员；访谈对象：X大学公益慈善研究院负责人；访谈日期：2015年9月。

②　孙立平、晋军：《动员与参与——第三部门募捐机制个案研究》，浙江人民出版社1999年版。

③　康晓光、张哲：《行政吸纳社会的新"边疆"——以北京市慈善生态系统为例》，《南通大学学报（社会科学版）》2020年第2期。

④　同上。

业，已经被政府吸纳引导，形成国家对社会的深度干预。

国家对社会的深度干预，还体现在对社会组织的培育上。社会组织是社会领域的主要组织形式，政府大力建立各种"孵化器"，但难以培育孵化出独立的社会空间。康晓光等人将其视为"对此慈善组织管控的向前延伸"①。在政府培育、主导和控制之下，政府强势渗入慈善事业发展，产生以官办慈善组织为主的慈善生态系统。根据"行政吸纳社会"理论，国家与社会关系不是分离，更不是对立，而是融合。官办慈善组织则体现了国家与社会之间的深度融合。在此融合态势下，政府与慈善组织之间，"你中有我，我中有你"，不存在清晰的边界。这里的边界包括组织边界、领域边界、权责边界、功能边界等，均存在交叉与模糊性，导致政府救助与慈善救助之间的主体边界不清，从而影响清晰的衔接关系建立。

二、慈善事业发展不均衡

我国慈善事业在政府主导下取得了一定的发展，"但 2018 年全国共接收社会捐赠款仅 1 070 亿元，占国内生产总值（GDP）的 0.12%，只能算是刚刚起步"。慈善事业发展的初级阶段还体现在慈善组织数量上：截至 2022 年 9 月，"全国登记认定慈善组织超过 1 万家"②。而"美国有 200 多万个非营利机构，在美国社会扮演着十分重要的角色"③。两相对比，我国无论慈善组织还是社会组织，在数量上都与美国存在巨大差距。而且自《慈善法》实施以来，慈善组织的发展非常不理想，"我国慈善事业的发展将可能因缺乏足够载体而陷入发展停滞"④。

① 康晓光、张哲：《行政吸纳社会的新"边疆"——以北京市慈善生态系统为例》，《南通大学学报（社会科学版）》2020 年第 2 期。

② 参见《党的十八大以来民政各领域事业发展情况》，来源于 2022 年 9 月 8 日"中共中央宣传部举行新时代民政工作新闻发布会"，见中华人民共和国国务院新闻办公室网站，http://www.scio.gov.cn/xwfbh/xwbfbh/wqfbh/47673/49080/index.htm。

③ 郑功成：《多层次社会保障体系建设：现状评估与政策思路》，《社会保障评论》2019 年第 1 期。

④ 郑功成：《中国慈善事业发展：成效、问题与制度完善》，《中共中央党校（国家行政学院）学报》2020 年第 6 期。

　　不仅整体发展不足，慈善事业在我国的发展也呈现出不均衡状态。我国地域广阔，各地经济发展水平不一，各地慈善氛围和对慈善事业的认同程度不一，社会捐赠水平差距较大。以浙江和湖北两省为例，两家官方网站公布的年度工作报告显示，浙江慈善联合总会 2019 年募款 6 034 万元[①]，湖北慈善总会当年募集资金 44 090.59 万元[②]，后者是前者的 7 倍多。这是在新冠疫情暴发的前一年，捐赠尚未受到疫情影响。在募集资金之外，各地慈善组织数量也存在较大差异。以 2018 年的数据为例，截至 2018 年 8 月 31 日，全国共有慈善组织 4 373 家，其中北京、广东与浙江三省市分别以 633 家、591 家和 512 家占据前三位，三省市慈善组织之和占到全国总量的近 40%[③]。不同的慈善资金规模，不同的慈善组织数量，导致各地慈善组织在救助活动中能够发挥的功能和占据的地位各不相同，难以形成系统的衔接基础。这点在笔者的调研结果中也有所体现：

　　　　作为国家来说，如果明确说这个政府做，那个慈善做，是不现实的。像我们 ×× 市这种发达的地区是有慈善资金的，但不发达的地区，（慈善会）一年募捐不到几万块钱，你让他去做，他也做不了。那你让政府去财政补充这一块，他更补不了，还不如转移支付。是站在政府的角度说，还是站在慈善的角度说，这个是很复杂的问题。……没有钱的地方，他就没法做，你再有指导性的文件，哪怕是规章制度下来，他也做不了。[④]

　　慈善事业发展不均衡的另一个表现是，官办慈善组织与民办慈善组织之间的不均衡。《慈善蓝皮书：中国慈善发展报告（2020）》开篇将 2019 年慈善事业发展的总体特征归结为"治理吸纳慈善"。该报告认为，"《慈善

　　① 《浙江省慈善联合总会 2019 年工作报告》，见浙江省慈善联合总会官网，http://www.zcf.org.cn/info/yearly。

　　② 《湖北省慈善总会 2019 年工作报告和 2020 年工作要点》，见湖北省慈善总会官网，https://www.hbcf.org.cn/index.html。

　　③ 代丽丽：《北京慈善组织数量居全国首位》，《北京晚报》2018 年 9 月 11 日。

　　④ 资料来源：根据访谈录音整理；访谈人：课题组成员；访谈对象：W 市民政与慈善会系统工作人员；访谈日期：2017 年 9 月。

法》的出台在原意上是希望以民间慈善组织为主体来发展慈善事业，但在随后的实践中遭遇诸多困难，2019 年实际发生的是官办慈善组织的社会化以及重新崛起，治理逐渐吸纳慈善，让慈善服务于整个国家治理的大局"①。其结果仍然是，"在慈善领域中，从中央到地方，合法的联盟组织均由政府举办和控制。""民间建构的结构残缺不全，宏观层面的组织结构不存在，中层组织结构很脆弱，数量少，组织化程度不高，执行力也不尽如人意。"② 这也是本书所持的观点：官办慈善组织在慈善事业中占据主要地位，并将在未来一段时间维持这种局面。

三、救助本身存在模糊性

这里的救助既包括政府救助，也包括慈善救助，二者在实践中均存在一定的模糊性。政府救助的模糊性体现在作为第一层次的法定保障"尚未成熟、定型"③。以低保制度为例，在全国各地区之间、城乡之间均存在不同标准。低保制度的设计原则为"按标施保，应保则保"④，在实际执行中演变为"按预算保，应退则退"，以预算资金框定低保对象范围。"纵向看，我国社会救助支出增长率远低于同期财政支出增长率，城乡低保占财政总支出的比例已由 2008 年的 1% 下降到 2018 年的 0.74%；横向看，我国社会救助覆盖率和投入水平普遍低于国际同等水平，目前全国城乡低保覆盖面仅为 3%，下降趋势仍在继续。"⑤ 低保覆盖范围与投入的"萎缩"，揭示了政府法定保障的不确定性。其原因在于中央政府与地方政府之间责任的边界不清晰，"低保制度以中央财政为主要支撑，地方政府承担何种责任及多大责

① 杨团主编：《慈善蓝皮书：中国慈善发展报告（2020）》，社会科学文献出版社 2020 年版。

② 康晓光、张哲：《行政吸纳社会的新"边疆"——以北京市慈善生态系统为例》，《南通大学学报（社会科学版）》2020 年第 2 期。

③ 郑功成：《多层次社会保障体系建设：现状评估与政策思路》，《社会保障评论》2019 年第 1 期。

④ 2020 年 3 月，在决战决胜脱贫攻坚座谈会上，习近平总书记强调，"对没有劳动能力的特殊贫困人口要强化社会保障兜底，实现应保尽保。"按标施保，是指各地按照确定的低保标准衡量家庭财产，未达标者纳入救助对象范畴，以收入补差的方式予以现金补助。

⑤ 宫蒲光：《高度重视社会救助、着力完善制度设计》，《中国民政》2020 年第 14 期。

任并无规制"①。这里的核心问题是，政府对民众承担"兜底性"保障责任的社会救助制度，实际执行中的"底线"不清。在低保对象之外，各地还有低保边缘群体，对低保边缘群体的覆盖范围与救助标准，各地更无明确规定。在宏观层面，党的二十大提出健全分层分类的社会救助体系。说明在将来一段时期内，社会救助体系整体上仍将面临大的变动。这些不确定性表明，当前的政府救助本身存在一定的模糊性。

因为有些家庭的实际收入高于低保标准，但是由于硬性支出很高，他实际的生活困难程度，甚至比我们这些低保对象还要困难，所以我们 CZ 市就根据自己的情况设计了一个"低保边缘困难家庭"。也是结合上级政府的要求，上级政府要求叫"低保边缘家庭"，我们这里面加了两个字，叫"困难家庭"。这就是我们在界定这一类困难对象的时候，认定的一个标准，我们这里面设定了七类对象，他们的实际收入在低保标准两倍之内。现在这个人群的占比和低保的占比，第一次调查的时候好像是达到 2∶1 了，因为这个范围太大了，怕政府兜不住，后来我们就把标准降低了，基本上 1∶1。②

与政府救助的法定性相比，慈善救助依据慈善组织自身的宗旨，对救助地域、救助领域、救助对象、救助内容与救助程度等自行界定，难以形成统一救助标准。这样的救助既体现了灵活性，也反映了慈善救助的模糊性。尤其是慈善组织的资金主要来源于社会捐赠，每年能够募集到的款项存在波动，与政府稳定的财政救助资金不同，慈善救助必须量入为出。在此背景下，慈善救助能够在多大程度上对政府救助形成补充，是存在多种不确定性的。

慈善救助是没有完全公平的，要做一个项目、一个救助，就

---

① 郑功成：《多层次社会保障体系建设：现状评估与政策思路》，《社会保障评论》2019 年第 1 期。
② 资料来源：根据访谈录音整理；访谈人：课题组成员；访谈对象：CZ 市民政与慈善会系统工作人员；访谈日期：2017 年 9 月。

要进行人员选择。那么多得大病的、那么多特殊情况，我们没有实力、财力去解决所有人的问题。所以，慈善没有完全公平，选择一个救助对象肯定有一个特殊原因。①

四、相关制度待健全完善

这里的相关制度主要包括《社会救助暂行办法》和《慈善法》，本部分将对二者存在的问题分别论述。

（一）社会救助制度存在的问题

《社会救助暂行办法》是国务院于 2014 年颁布的有关社会救助的行政法规，2019 年经过一次修改。作为首部内容比较完备的社会救助类专门法规，《社会救助暂行办法》"确立了以最低生活保障制度、特困人员供养、灾害救助、医疗救助、教育救助、住房救助、就业救助、临时救助为主体，社会力量参与为补充的 8+1 社会救助制度框架。"② 统合了之前不同的救助政策，一改社会救助制度"碎片化"特点，为我国社会救助体系的完善奠定了基础。但是，当前以《社会救助暂行办法》为核心的社会救助制度仍然存在一系列问题。

第一，"社会救助法"亟待出台。作为"国务院出台的行政法规，授权条款偏多，层次偏低，约束力不强"③。随着脱贫攻坚战的持续推进，法定社会救助制度的作用不可忽视。"社会各界对社会救助法治化的要求越来越高，亟待通过立法提升社会救助法律地位"④。从社会保障整体制度设置来看，《社会保险法》早在 2010 年已经出台，社会救助同为法定三大保障制度之一，历史更悠久，功能更基础，"社会救助法"理应更早颁布实施。从实践层面看，《社会救助暂行办法》既然是"暂行"办法，就不宜长期适

---

① 资料来源：根据访谈录音整理；访谈人：课题组成员；访谈对象：北京市 C 区慈善协会负责人；访谈日期：2017 年 8 月。

② 参见《民政部有关负责人就贯彻落实〈关于改革完善社会救助制度的意见〉答记者问》，《中国民政》2020 年第 17 期。

③ 宫蒲光：《高度重视社会救助、着力完善制度设计》，《中国民政》2020 年第 14 期。

④ 同上。

用，该办法已经"难以适应经济社会发展中的新情况、新问题"①。

第二，低保与专项救助之间有所偏废。"从民政口径看，财政社会救助支出中超过七成资金投向了城乡低保"②。其他专项救助的资金投入十分有限。笔者在调研中也体会到，在各级民政局中，提到社会救助，基本围绕低保讨论，其他专项救助很少涉及。由于"社会救助制度体系中的多个项目分属不同的政府部门管理，在制度设计、发展规划、相关政策的制定和实施，以及基层管理体制等方面的协调性不够高"③。在实际救助执行中，各专项救助与低保制度捆绑，形成低保福利"断崖"效应，限制了社会救助公平性的发挥。因此，现有的《社会救助暂行办法》在法律位阶方面有待提高，在救助项目设置以及专项救助、执行管理部门协调等内容方面有待完善。

（二）现行慈善事业法律存在的问题

2016 年颁布的《慈善法》，对我国慈善事业的发展具有里程碑的意义，为我国从传统慈善走向现代慈善、法治慈善提供了法律依据。根据 2020 年全国人大常委会执法检查组对《慈善法》执行情况的检查报告，《慈善法》有效促进了慈善事业的发展，表现在④：慈善意识更加普及；慈善力量有序增长；慈善服务迅速发展；慈善活动逐步规范；慈善创新日益丰富；慈善功能有效发挥。在促进慈善事业发展的同时，修改前的《慈善法》也存在一系列问题，尽管修改后的《慈善法》对之前暴露的问题进行了回应，但修改并不彻底。针对修改后的《慈善法》问题，笔者将其归纳为内容与执行两个方面。

修改后的《慈善法》规定内容上的问题表现在：第一，存在制度障碍，不利于慈善组织发展。修改后的《慈善法》规定"已经设立的"社会组织

---

① 宫蒲光：《高度重视社会救助、着力完善制度设计》，《中国民政》2020 年第 14 期。

② 江治强：《构建迈向新时代的社会救助制度》，《党政干部学刊》2020 年第 4 期。

③ 关信平：《朝向更加积极的社会救助制度——论新形势下我国社会救助制度的改革方向》，《中国行政管理》2014 年第 7 期。

④ 张春贤：《全国人民代表大会常务委员会执法检查组关于检查〈中华人民共和国慈善法〉实施情况的报告》，2020 年 10 月 15 日，见中国人大网，http://www.npc.gov.cn/npc/c30834/202010/afc0a05adb4242b49920c2251017205e.shtml。

均可申请认定为慈善组织。使所有社会组织均具备了转化为慈善组织的可能。但并未从根本上改变慈善组织作为社会组织的"组织标识"的地位，慈善组织身份"含金量"并未根本提升。第二，存在的制度漏洞与空白得到了填补，但存在模糊处理现象。网络慈善、社区慈善、个人求助等原《慈善法》中未涉及内容，在修改后的《慈善法》增加了相关规定。但个人求助放在附则中加以规定，其与《慈善法》之间的关系仍待进一步明确。

在《慈善法》的执行方面，修改后仍存在如下问题：第一，配套支持政策不到位。以税收优惠政策为例，在修改后的《慈善法》中进行了原则性规定，但"税务部门的优惠政策还未能够进一步具体化"[1]。第二，部门支持不到位。民政部门是慈善事业的主管部门，然而，相关政策制定与执行，还需要财政、税务、海关、银保监会、网信、教育、宣传等多个部门合力，现实中的慈善事业发展不足，"客观上反映了相关部门不能有效协调、联动配合的后果"[2]。

最近的《慈善法》修改决定，对此前暴露的问题进行了回应。但内容上的回应，并不标志问题的彻底解决。慈善组织身份设置的从属性，作为社会组织标识的地位不改变；以及税收优惠政策的落地制定不到位，难以促进慈善组织数量的增长和慈善事业的发展。"社会组织转换成慈善组织的积极性不高，新增慈善组织数量逐年递减"[3]，慈善组织的法律身份对潜在者都没有吸引力，各相关部门配合的动力从何而来？这也是值得思考和研究的问题。

---

① 郑功成：《中国慈善事业发展：成效、问题与制度完善》，《中共中央党校（国家行政学院）学报》2020 年第 6 期。

② 同上。

③ 同上。

第六章

多层次推进：促进衔接的对策建议

结合本书提出的慈善救助与政府救助衔接的四种模式，针对衔接中存在的问题以及根源分析，本章提出，从推进前提、推进原则、推进对策等层次，对促进慈善事业与社会救助衔接的策略进行论述。

第一节　推进前提：政社分开

根据福利多元主义理论，福利来源应该包括政府、社会、家庭与个人多个主体。政社分开就是推进一元主体向多元转变的过程。从这个意义上讲，政社分开，政府与社会之间形成较为清晰的界限，是实现多元治理与福利来源多元化的前提和必要条件。

实现政社分开，慈善事业回归其社会属性，从社会性组织的角度发挥其功能，才能与政府救助形成互补，进而形成良好衔接。从这个角度讲，政社分开是促进慈善事业与社会救助衔接的前提条件，衔接合作是政社分开的目的。关于政社分开，早在党的十八届三中全会公报中就提到，"正确处理政府和社会关系，加快实施政社分开"。在实践层面，官办慈善组织以"去行政化"与"去垄断化"为内容的体制改革，成为发展方向。以慈善会系统为例，2016年《慈善法》实施后，"深圳市慈善总会、广州市番禺区慈善会与当地行政部门脱离行政隶属关系，转型成为具有独立法人治理结构和社会服务能力的慈善组织"①。慈善会系统外，其他官办慈善组织也分别进行了不同程度的社会化转型。针对上述现实情况，本书认为，政社分开应该从以下两个方面继续推进，以促成慈善事业与社会救助的衔接。

一、持续推动慈善组织尤其是官办慈善组织的社会化改革

在慈善领域的政社分开，既要考虑历史背景，也要考虑现实需求，不能一刀切，应该分期逐步完成。官办慈善组织与政府分开，主要包括五个方面，这五个方面的分开在实践中推动程度不一，继续推行的原则也不尽相同。

主体分开——官办慈善组织脱离行政隶属关系，有独立法人地位，这点在部分官办慈善组织中经过"去行政化"改革已经实现，应该推动更大范围内慈善组织继续推行。机构分开——官办慈善组织应该有独立于政府的机构与办公场所，这点在部分发展成熟的官办慈善组织是可以实现的，但在政府培育慈善组织前提下，基层慈善组织在发展壮大之前，应避免由政府提供办公场所，以及政府与慈善组织在机构上混用的情况。职能分开——官办慈善组织不再承担政府行政职能，这是需要着力推进的地方。这与我国慈善事业独特的发展背景相关，是"历史问题"，需要逐步推进转型。如对红十字会、慈善会系统等官办慈善组织，逐步剥离其行政管理职能，将其职能进行划分，分别归属政府或者慈善组织本身。人员分开——政府工作人员不得在慈善组织任职，这点在很多地方已经有明确规定。实践中仍需要防止"合署办公"，以及离退休公务员在慈善组织任职等情况。资产分开——推进建立官办慈善组织独立的资产核算体系。尤其是规范区分会费收据、捐赠票据、税务发票以及非税收入一般缴款书等不同票据的使用，设立专门针对慈善组织的票证管理体系。

二、政府进一步调整对慈善事业的监管

慈善事业本就是"民间"的事业，政府无须对其承担过多责任，只需

---

① 杨团主编：《慈善蓝皮书：中国慈善发展报告（2020）》，社会科学文献出版社2020年版。

坚守基本底线即可。政府调整对慈善事业的监管，主要表现在两个方面。

首先，对慈善组织内部事务的监管适度。无论从鼓励慈善事业发展角度，还是从慈善组织自治角度，主管部门对慈善组织的章程、资产处置等不宜干预过多。如2015年民政部出台的《全国性行业协会商会负责人任职管理办法（试行）》，规定负责人任职年龄界限为70周岁，连续任期不能超过两届等。此类限制性规定影响了慈善组织发展活力，应予以取消。再如，作为2016年《慈善法》配套政策，2016年民政部等部门联合印发的《关于慈善组织开展慈善活动年度支出和管理费用的规定》中对慈善组织的年度支出和管理费用进行了详细的规定，不但根据是否具有公募资格、组织形式不同（基金会、社会团体和社会服务机构）作了区别规定，甚至根据慈善组织的净资产数额进行了不同规定，只有"慈善组织的年度管理费用低于20万元人民币的"，才不受规定比例的限制。对此，笔者认为这一政策规定得"太细、太死"，留给慈善组织，尤其是基层慈善组织财产处置上的自治空间太有限，影响慈善组织发挥积极性。而且，同年民政部发布《关于加强和改进社会组织薪酬管理的指导意见》试图提高行业薪酬待遇。这里，对行业薪酬进行行政指导，政府已有"越界"之嫌。而且，一方面鼓励提高行业薪酬，另一方面规定严格限制包含人员工资在内的管理费用所占比例，部门内部政策自相矛盾。结合修改后的《慈善法》，笔者建议，主管部门应该撤出对行业薪酬的指导；对慈善组织年度支出与管理费用不必设立多重标准，只划定最低监管底线。这样一方面可以激发慈善组织自治活力，另一方面能减轻主管部门监管压力。

其次，变"主导"为"引导"。逐渐改变政府主导策略，在推进慈善组织发展上，发挥政府引导作用。引导作用也不宜体现过细，主要通过政策制度实现，如推进修改后的《慈善法》配套制度建设，促进税收优惠政策落实，建立相关部门之间的协调机制等，提高政策"含金量"，从而促进慈善组织数量的增长。促进慈善事业发展，主要在于"放活"慈善组织，而不是"管死"。对慈善事业的"放活"，其核心要点就是给空间，在不存在违法乱纪、影响社会公序良俗、影响社会稳定等原则问题的基础上，允许慈善组织自由发展，激发组织活力与创新力，这样才能充分发挥慈善组织的作用。政府则退到"守门员"的角色，在保证慈善事业享受政策红利的同时，履行好基础监督监管职能即可。这样才能形成所谓的"小政府与大社会"。

第二节　推进原则：分类衔接与精准衔接

一、分类衔接原则

按照学界惯例，本书在讨论慈善组织时，也进行了官办慈善组织与民办慈善组织的二元划分。二者在慈善事业的地位、筹集资源能力等方面存在较大差异。我国将在当前以及今后相当长的一段时间内，呈现出以官办慈善为主的慈善事业发展态势。基于此，本书提出当前慈善事业与社会救助衔接的原则：分类衔接，即按照官办慈善组织与民办慈善组织的分类，与政府救助建立不同的衔接机制，覆盖不同的衔接要素。

（一）官办慈善组织与社会救助的衔接

官办慈善组织是慈善组织中的主流，我们在讨论慈善事业与社会救助的衔接时，大部分情况下指的就是官办慈善组织与政府救助的衔接。官办慈善组织与政府救助的衔接要素主要涉及资金衔接、服务衔接与公信力衔接；衔接机制主要是协调对话机制与信息共享机制。

第一，衔接要素方面。在资金衔接上，主要表现为慈善救助资金对政府救助资金的补充；在服务衔接上，则主要表现为慈善组织专业服务对政府救助的补充；公信力衔接是公信力要素在政府与官办慈善组织之间的流转：官办慈善组织通常具有官方色彩，一般自带政府公信力。

第二，衔接机制方面。官办慈善组织相对民办慈善组织，更加成熟，更具救助能力，应该与政府救助衔接形成协调对话机制与信息共享机制。

协调对话机制。协调，是指在救助实施过程中，在救助资源的共享与救助各环节的衔接上，通过互相配合完成救助目标；对话，则是在合作救助中出现矛盾与问题时，不单纯依照某一方意见进行解决，而是由双方进行对话，在充分理解对方的意愿与要求的基础上，寻求问题与矛盾的化解。协调对话机制的建立，首先应该建立平台，其次建立规则，以政府为主导共同推进。

信息共享机制。信息共享机制在于实现政府救助信息与慈善救助信息的共享，同样以平台建立为基础。在信息共享机制下，需要讨论的是，哪些信息应该共享、哪些信息可以共享。比如，政府救助资金、救助水平、救助对象信息以及救助政策等都应该成为共享范畴。对官办慈善组织来讲，开展项目、拟救助人群、救助资金、可提供的救助服务等都可以成为共享内容。此外，在信息共享机制建立中，要注重时效问题：共享不是公示，及时的信息共享才能够对形成衔接发挥作用。

（二）民办慈善组织与社会救助的衔接

民办慈善组织与社会救助的衔接，在衔接之外，还有一层含义，即促进民办慈善事业的发展。因此，在民办慈善与政府救助的衔接中，政府购买服务成为主要方式。通过政府购买服务，实现了资金从政府向慈善组织的转移，同时慈善组织的服务为政府救助提供补充。所以，在民办慈善组织与政府救助的衔接中，衔接内容基本限于资金衔接与服务衔接。

在衔接机制上，民办慈善救助与政府救助的衔接以激励扶持机制和组织引导机制为主。

第一，激励扶持机制。这里的激励扶持机制并不是以政府为主导，而是政府放权式的激励扶持机制。比如，降低社会组织或者慈善组织的登记门槛，鼓励"草根"组织获取合法身份，依法开展活动；通过税收减免等制度性规定，鼓励民间慈善事业发展；就社会救助中所需的专业救助服务进行明确规定，并制定服务标准，向民间慈善组织或者社会组织公开招标购买；通过竞争性激励政策，达到对民间慈善组织的监管和组织专业能力的锻炼。在上述政策的前提下，政府可以适当对具有发展潜力的、暂时处于发展初级阶段的民间慈善组织给予奖励补贴、专项购买等特殊扶持政策。

第二，组织引导机制。其包含两个层面：一是对民间慈善的发展进行组织引导，通过枢纽型组织、政府财政倾向性等方式，引导民间慈善组织的专业化发展方向。二是民间慈善组织与社会救助的衔接由政府进行组织引导，表现为政府在自身做不好或者做不了的公共服务领域，鼓励民间慈善组织上场，并通过政策与资金支持等方式引导民间慈善组织在这些领域与政府形成良好衔接。

二、精准衔接原则

精准衔接原则是本书提出的慈善事业与社会救助的第二大衔接原则。精准衔接是在政府救助与慈善救助精细化的前提下，实现精准的救助衔接。所以，这里的精准衔接包含两层含义，即政府救助精细化、慈善救助精细化以及二者衔接的精准化。简言之，就是救助精细化和衔接精准化。前者是后者的前提，后者是前者的结果。

第一，救助精细化包括以下四个方面：救助对象精细化、救助责任精细化、救助资源精细化、救助需求精细化。展开来说，救助对象精细化，是指针对每位救助对象建立救助档案，救助对象的个人信息、家庭信息、收支情况等都应计入档案，类似精准扶贫中建档立卡贫困户，救助对象每人一档，以对救助对象深入鉴定、甄别，开展针对性救助。救助责任精细化，是指政府或者慈善组织对救助对象的救助责任边界清晰。例如，低保救助只能解决吃饱穿暖问题，慈善组织专做助学项目等，边界越明确，衔接的点越精准。救助资源精细化，是指针对每位救助对象，政府救助或者慈善救助能够分配的救助资源数量。例如，政府救助以资金救助为主，其中，低保救助、专项救助各项具体救助金额，慈善救助中的资金救助或者服务救助分别覆盖什么内容等。救助资源精细化，有助于对政府救助或者慈善救助所达到的救助效果进行精确预期。救助需求精细化，既包括每位救助对象的救助需求，是需要资金救助还是服务救助，需要的数量或者规模等；也包括在进行政府救助或者慈善救助之后，仍然尚未满足的救助需求具体内容。

第二，衔接精准化，在救助精细化的基础上，表现在宏观与微观两个层面。在微观层面，救助精细化表现为，针对每位救助对象建档立卡，明确各种与救助相关的信息，确定其中政府救助或者慈善救助能够承担的救助责任范围，能够得到的救助资源数量，以及在经历政府救助或者慈善救助之后，仍然存在的救助需求等。精准衔接则以此为基础，具体到每位救助对象进行救助上的精准衔接。在宏观层面，救助精细化则是在不同的地域范围内，比如在一省、一市、一县范围内就政府的救助对象、救助责任、救助资源以及救助需求等进行精细化，在同范围内对慈善救助的上述各项信息也做到相对精细化。由于政府救助具有法定性特征，而且依靠财政开支，所以容易实现精细化。对慈善事业来讲，慈善组织数量、慈善救助项目以及慈善救助资源随时都在变化中，只能做到相对精细化。同样，宏观层面的救助精准化，是在更大范围内的慈善救助与政府救助的衔接，需要统合的部门和信息增多，所以，宏观层面精准衔接具有相对性。

精准衔接原则的实现，不仅要求救助精细化，还需要其他机制的配合，以实现政府与慈善组织之间的沟通对接。这里的其他机制包括信息共享机制与协调对话机制，保证政府与慈善组织在救助实施中，对自身尚未覆盖的救助对象，或者已经救助但仍未摆脱困境的情况，是否可以通过衔接方式推进救助，以及如何衔接等问题，需要政府与慈善组织信息共享，并且协调对话。如此看来，在推进慈善救助与政府救助衔接的过程中，精准衔接既是应该遵循的原则，也是衔接所追求的目标，是对衔接的较高层面要求，需要多方工作、平台、机制等建设之综合成果。

第三节　推进对策：多管齐下、因地制宜、与时俱进、建章立制

一、多管齐下：推动慈善事业尤其是民办慈善事业发展

（一）加强舆论宣传，推动慈善理念与慈善文化的传播

"慈善无国界，但慈善事业有国界。……文化认同上的差异必定会深刻

地影响到慈善事业的发展。"① 在我国乐善好施、守望相助以及儒家仁爱思想的基础上，构建发展独特的、适应当前社会需求的慈善理念与慈善文化，是发展慈善事业的根本。缺乏慈善文化，就无法形成慈善氛围，影响慈善的社会认同，慈善事业将无从发展。实际上，对慈善传统、慈善理念不仅要建构发展，更要加强舆论宣传。宣传，也是促进慈善文化形成的过程。开展慈善文化宣传，不仅依赖于政府主管部门的传统宣传，更应注重发挥网络宣传渠道的作用，发挥慈善组织自身的宣传优势。具体途径包括：以运行慈善项目的理念与方式，运营每年9月5日的"中华慈善日"。建议由某家慈善组织牵头，联合政府及各种社会力量，于每年的9月5日举办公益慈善晚会，或运用其他宣传形式，设定慈善主题。在开展慈善活动的同时，进行慈善文化宣传，加强公众的慈善意识。此外，建议在公益慈善项目的运营费用中增加宣传费用列支，推进公益品牌的宣传。以慈善项目为载体，通过对慈善项目的广告宣传、推广运营等手段，推进慈善文化与慈善理念的普及。长线宣传，也可以防止积累多年的公益品牌因一次危机事件毁于一旦。

（二）推动专业人才培养，设立专项科研基金

《慈善法》第九十七条第二款规定："学校等教育机构应当将慈善文化纳入教育教学内容。国家鼓励高等学校培养慈善专业人才，支持高等学校和科研机构开展慈善理论研究。"根据笔者的调研，当前部分高校，包括清华大学、北京师范大学、中国人民大学、上海交通大学、中山大学、西北大学、湖南师范大学等分别成立了公益慈善研究院、慈善研究院、公益创新（发展）研究院等，致力于慈善文化、慈善组织与慈善制度等方面的研究，并取得一定成效。但是在教育教学与专业人才培养方面，仍有待进一步推进。对此，本书建议：一方面，选择试点院校，如社会管理职业学院等民政部直属高校，开设"公益慈善概论"等通识课或者公共选修课，以

---

① 郑功成:《中国慈善事业发展：成效、问题与制度完善》,《中共中央党校（国家行政学院）学报》2020年第6期。

普及慈善文化；以此为基础，在已有相关专业的研究方向上，逐步增设公益慈善研究方向，重视该方向的研究生培养与教育。另一方面，设立专项基金，资助慈善文化的教学与科研。鼓励民间成立慈善文化研究类基金会；也可以在相关倡导类基金会下，设立专项基金；或者现有的国家社会科学基金在资助科研项目时，向公益慈善等相关研究领域适当倾斜，乃至设立专项基金等。

（三）针对个人求助等网络募捐，在监管基础上引导形成民办慈善组织

根据全国人大常委会执法检查组对《慈善法》执行情况的检查报告，"个人求助不属于慈善募捐，不在《慈善法》规制范围"[1]。这是《慈善法》的漏洞，需要修改完善，将在后文论述。这里要讨论的是个人求助在互联网的介入下，超越了传统的亲戚、熟人之间的互助共济，额小量大，影响广泛。从当前实践来看，比较活跃的个人求助平台如"水滴筹""轻松筹"等，前者虽然在2018年获得"社会企业奖"，但社会企业的概念界定备受争议。二者通过"扫楼"等方式收割民众爱心，笔者认为，这不是公益，而是赤裸裸的生意。对此，政府应该对网络个人求助行为以及个人求助平台，加大监管力度，适当引导；对运作比较成熟的、有固定关注人群的救助项目，适时推动其向慈善项目和慈善组织转化；可以先行挂靠某家基金会，后续登记注册独立慈善组织。网络慈善是慈善事业的发展趋势，也是慈善募捐的重要阵地，应该坚决维护其公益属性，不能让网络慈善成为个体营利的工具。

二、因地制宜：鼓励各地创新衔接实践

如前所述，全国各地政府救助与慈善事业发展状况各不相同，衔接难以做到整齐划一。在本书总结的四种衔接模式中，经过时间检验后，很多

---

① 张春贤：《全国人民代表大会常务委员会执法检查组关于检查〈中华人民共和国慈善法〉实施情况的报告》，2020年10月15日，见中国人大网，http://www.npc.gov.cn/npc/c30834/202010/afc0a05adb4242b49920c2251017205e.shtml。

所谓"成功"模式并未被广泛推广与复制。一方面当然与政策制度相关，另一方面也说明在慈善事业与社会救助衔接方面，并不存在"理想型"模式可供推广与复制。因此，为实现慈善事业与社会救助的衔接，应该行动先于理论，在不同地方、不同的救助领域，通过不同的救助项目进行以下探讨：是能够通过慈善项目引领政府政策，还是慈善组织与政府深入合作，又或者是为政府救助提供补充等。经验证明，在不同救助领域，通过项目试验的方式，与政府救助建立不同的衔接模式是实现慈善事业与社会救助衔接的可行路径，不存在标准模板可供复制。具体问题具体分析，因地制宜仍然是实现二者衔接的有效指导原则。

鼓励各地创新衔接实践，应该遵循以下几点：一是以当地实际情况为基准，包括经济发展情况、社会动员能力情况、政府救助情况、慈善事业发展情况以及救助需求情况等；二是基于实地情况的衔接创新，以满足救助需求为目的，在不违反法律规定的前提下，给予创新空间，激发创新活力；三是在衔接实践的基础上，总结经验上升为当地的衔接政策或者衔接协议，鼓励各地方或者各领域根据自身特点制定不同的具体政策，实施"一地一协议""一领域一协议"，重点强调协议的实用性与可操作性。实际上我们也是这样做的，早在2013年民政部就制定了医疗救助领域慈善事业与社会救助的衔接政策文件——《民政部关于加强医疗救助与慈善事业衔接的指导意见》。但该意见"指导"有余，而可操作性不足。所以，后续衔接协议制定应该以此为戒，注重自下而上，在总结实践经验的基础上制定衔接政策，这样才能够实际促进与规范二者之间的衔接。

另外，值得一提的是，培育发展城乡基层慈善组织也是实践中实现慈善事业与社会救助衔接的一条路径。2018年初，民政部发布的《关于大力培育发展社区社会组织的意见》提出：要"重点培育为老年人、妇女、儿童、残疾人、失业人员、农民工、服刑人员或强制戒毒等限制自由人员的未成年子女、困难家庭、严重精神障碍患者、有不良行为青少年、社区矫正人员等特定群体服务的社区社会组织"。而根据《社会救助暂行办法》的规定，上述群体正是政府救助的核心对象。培育基层慈善类社会组织与政府救助不谋而合，既体现了政府救助与慈善救助衔接的基础，也为实现二者的衔接提供了具体途径。

三、与时俱进：推动相关法律法规修改完善

要实现慈善事业与社会救助之间的衔接，相关法律法规的发展完善是基础，只有各自发展成熟、定型后才能谈衔接。其中，有关社会救助的《社会救助暂行办法》，自 2014 年暂行至今，无论内容还是法律位阶都有待修订完善。2020 年 8 月，中共中央办公厅、国务院办公厅印发《关于改革完善社会救助制度的意见》后民政部有关负责人就该意见答记者问，对该意见内容作出了进一步阐释。对上述改革意见，笔者持赞同态度，在上述意见的基础上，本书建议尽快制定出台"社会救助法"。《慈善法》自 2016年出台以来，经过几年的实施，存在的问题逐渐暴露出来，尤其是随着网络对慈善事业的深度介入，修改前的《慈善法》在相关规范上呈现出滞后性，出现法律空白。为解决此问题，国家应该与时俱进，关注互联网慈善的动态，推动相关法律法规修改完善。对此，2023 年 12 月 29 日通过的《慈善法》修改决定，是《慈善法》颁布实施后的首次修改，对之前暴露的问题进行了一定回应。然而，问题还远未解决。以现有法律规定为基础，本书对相关法律法规修改完善的建议总结如下。

（一）"社会救助法"的制定完善

截至目前，"社会救助法"尚未正式出台，《社会救助暂行办法》（2019年修订版）仍是现行有效的关于社会救助的核心法律法规。根据民政部官网信息，2021 年 12 月《社会救助法（草案送审稿）》已报送国务院，立法工作正在推进当中。民政部、财政部于 2020 年向社会公布《社会救助法（草案征求意见稿）》，该草案明确规定"县级以上地方人民政府要建立政府救助与慈善救助衔接机制，为慈善组织开展慈善救助提供便利"。该条规定为本书提供了支持，表明了慈善事业与政府救助衔接研究的必要性。尽管草案尚未正式成为法律，但是关于政府救助与慈善救助衔接的原则性规定，已经制定相关法规予以落实，如《民政部关于加强政府救助与慈善帮扶有

效衔接的指导意见》已于 2023 年 9 月发布实行，与十年之前《民政部关于加强医疗救助与慈善事业衔接的指导意见》遥相呼应。至少表明两点：第一，长期以来，政府救助与慈善救助的"衔接"方向始终未变；第二，政府救助与慈善救助的衔接机制尚未完全建立，未来仍有探索空间。

值得一提的是，草案中关于社会救助管理部门的规定，直接影响政府救助与慈善救助的衔接。草案规定各级民政部门负责统筹协调本行政区域内社会救助体系建设，"民政、教育、人力资源社会保障、住房城乡建设、卫生健康、应急管理、医疗保障等部门，按照各自职责负责本行政区域内相应的社会救助管理工作"。由此，政府救助与慈善救助之间的衔接，实际上将演变为各社会救助管理部门与慈善组织之间的衔接。那么，各社会救助管理部门之间如何统筹协调，避免各自为政；以及各社会救助管理部门是否能够从根本上解决社会救助中的"悬崖效应"问题，不仅是对"社会救助法"立法技术的考验，更取决于后续相关配套制度的完善。

（二）《慈善法》的进一步完善

自 2020 年 10 月全国人大常委会发布《慈善法》实施情况报告，提出修改《慈善法》以来，至 2023 年 12 月 29 日通过《慈善法》修改决定，历时 3 年多的修法历程终告一段落。由"修订"变为"修正"，表明此轮修法并未达到预期的"大修"目标，而是务实基础上的"小修"，即修改仅限于亟待解决或者已经达成共识的部分，同时由于各种原因仍有遗留问题未得到解决。因此，修改后的《慈善法》仍存在较大完善空间。

第一，对慈善监管、慈善财产、慈善服务等进一步完善规制。在慈善监管方面，人员力量不足是现状，短期内难以改变，建议在提高监管重视程度与监管频次的基础上，适当调整《慈善法》第一百零五条关于"县级以上人民政府民政部门对慈善组织、有关单位和个人进行检查或者调查时，检查人员或者调查人员不得少于二人"的规定，对"二人"的要求作灵活性规定。在慈善财产保护方面，为杜绝政府强制捐款上缴的情况，应增加规定"政府部门及任何组织与个人均不得将慈善组织的财产与捐赠款物占为己有""避免公权力滥用对慈善组织自主性造成损害"[1]。在慈善服务方面，增加对服务型慈善组织发展的鼓励，"取消慈善组织委托有服务专长的其他组织提供服务的规定"[2]，强调慈善组织是提供慈善服务的主体。

第二，对信息公开与法律责任进一步细化、强化。修改后的《慈善法》"信息公开"一章，增加了国家以及国务院政府部门在信息公开中的职责，建议在实际执行中可以通过年检、评估等方式推动慈善组织成为信息公开主体，平衡政府与慈善组织之间的信息公开责任划分。《慈善法》第七十六条列举的应该公开的慈善信息中，应该增加捐赠收入、投资收入、慈善开支、管理费用支出等核心信息，以增加慈善组织透明度，便于社会监督，也有助于实现信息共享。在"法律责任"一章中，增加"对组织与个人的慈善欺诈行为的处罚措施"[3]。笔者建议，《慈善法》第一百一十九条第二款中，对志愿者在参与慈善服务过程中受到损害的归责，不应采取过错原则，而是无论慈善组织是否有过错，都应该对志愿者进行赔偿或者补偿，这点可以参照工伤的单位责任。

（三）《慈善法》配套政策等相关法规修改完善

对《慈善法》配套政策的修订完善，在本章第一节有所涉及，不再重复。随着《慈善法》的首次修订，配套政策的完善任务更加繁重。这里主要讨论慈善税收优惠方面配套政策的修订完善情况。

现有慈善组织税收优惠方面的配套政策主要包括：《中华人民共和国企业所得税法》（2018年修订版）、《中华人民共和国个人所得税法》（2018年修订版）及财政部、国家税务总局发布的《关于非营利组织免税资格认定管理有关问题的通知》和《关于公益性捐赠支出企业所得税税前结转扣除有关政策的通知》。总体上，应该从两个方面落实上述配套措施：首先，降低税收减免门槛，简化免税资格认定程序，使税收优惠政策真正惠及更多

---

[1]　郑功成：《中国慈善事业发展：成效、问题与制度完善》，《中共中央党校（国家行政学院）学报》2020年第6期。

[2]　同上。

[3]　同上。

慈善组织。其次，增加减免税种，免除企业所得税、营业税等税种，免除房屋捐赠中的契税与所得税。最后，增加遗产税、赠与税等，促进社会捐赠，促进慈善事业"第三次分配"功能的发挥。

在慈善组织之外，修改后的《慈善法》新增了两处对税收优惠的规定：一是"国家对慈善事业实施税收优惠政策，具体办法由国务院财政、税务部门会同民政部门依照税收法律、行政法规的规定制定"；二是"自然人、法人和非法人组织设立慈善信托开展慈善活动的，依法享受税收优惠"。对新增的慈善事业以及慈善信托的税收优惠政策当然应该由相关部门制定政策，同时针对慈善事业以及新兴的慈善信托，应该结合我国具体情况，制定专门政策，避免在现有政策上修修补补。

四、建章立制：探索制定衔接政策

衔接实践与自下而上的衔接创新也是为了制定衔接政策做准备。根据实践以及其他国家经验教训，我国可以在当前阶段探索制定慈善事业与社会救助之间的衔接政策。本书无法给出衔接政策的具体内容，仅提供以下政策原则，为衔接政策的制定提供方向。

第一，衔接政策制定的自下而上原则。英国《慈善法》历史悠久，并对政府与慈善组织的合作制定了明确的协议。我国既然在慈善事业领域采取了专门立法的形式，那么，在慈善事业与社会救助衔接上也可以参考英国的做法，制定明确的衔接协议或者衔接政策。不同的是，英国的COMPACT是自上而下签订的，地方政府为执行中央政府协议，有针对性地制定了地方版的COMPACT。而我国慈善事业与社会救助之间的衔接政策，与实践领域相同，都应该遵循自下而上形成的原则。原因在于，我国慈善事业情况比较复杂，不仅本身有官办慈善与民办慈善之分，不同地方与不同领域的慈善事业发展也有天壤之别。另外，我国有试点的传统，先在部分地区试点执行，再进行大范围推广。

第二，衔接政策的双向约束原则。在具有操作性的衔接协议中，慈善组织与政府救助部门之间，作为协议双方，应该明确双方的权利义务，协议对衔接双方都具有约束力。在政府的顶层政策设计中，不仅体现政府的指导作用，也应该着重体现政府作为社会救助主体应该承担的衔接责任。所以，双向约束原则体现的其实是平等主体原则。之所以突出双向约束，目的仍然是要求衔接协议明确具体，具有可操作性。

第三，衔接政策的内容应该遵循的原则，主要包括政府对慈善组织的支持原则、慈善组织的独立性原则，以及不同慈善组织的平等竞争原则等。各条原则的具体内容如下所示。

一是支持原则。支持原则表现为，对民间慈善组织的资金支持，对官办慈善组织的转型支持。对民间慈善组织的资金支持可以通过政府购买服务，或者财政补贴方式实现，目的在于促进民间慈善事业的发展。对官办慈善组织的转型支持在于，除必要性的官办慈善组织外，鼓励官办慈善组织持续社会化改革，向民办慈善组织转化。

二是独立性原则。独立性是慈善组织的基本特征，但作为民间慈善组织接受政府资金支持，尤其是政府资金成为其主要资金来源时，其独立性的保持就至关重要。对此，民间慈善组织对独立性坚守是一方面，更重要的是从制度上予以保障。比如，制定政府采购民间慈善组织服务的守则与流程，避免民间慈善组织对政府形成资源依赖。对官办慈善组织来说，则通过衔接协议，寻求独立性，从员工编制、筹款方式到活动领域，均脱离政府安排，作为独立组织与政府救助展开合作衔接。

三是平等竞争原则。在衔接协议中应该设定规则，以保障各种不同类型的慈善组织在与政府救助进行衔接时，能够获得平等的竞争机会，不仅有利于衔接效果，更有利于慈善事业的发展。这里的衔接效果有必要进一步说明：衔接效果不仅是衔接追求的目标，也是衡量慈善事业与社会救助衔接成败的评估标准。衔接效果的内容是广义的，既包括是否能够实现底线保障的救助效果，也包括良好的衔接机制的建立与运行，还包括是否促进了慈善事业的发展等。

关于慈善事业与社会救助的衔接，本书在实践调研的基础上，以多个案例形式总结出四种慈善救助与政府救助的衔接模式：主动双向型衔接模式、政府主导型衔接模式、慈善主导型衔接模式、被动双向型衔接模式，并就每种模式的特点、体现的衔接机制与衔接要素进行了分析概括。在此基础上，本书总结了已有衔接模式的衔接经验，衔接中存在的多元参与不足的问题表现，以及背后的根源。针对问题及根源，本章从推进前提、推进原则与推进对策三个层面，对促进慈善事业与社会救助衔接提出了多层次的对策建议。笔者认为，当前我国慈善事业与社会救助之间存在衔接实践，并积累了一些衔接经验，但由于国家与社会边界不清、慈善事业发展不足等原因，在衔接过程中还存在许多问题。为解决这些问题，推进衔接，应该以政社分开作为推进前提，以分类衔接与精准衔接作为推进原则，采取多管齐下、因地制宜等推进对策。

笔者研究能力有限，本书疏漏之处在所难免。不足之处有二：一是本书划分的四种衔接模式之间存在重复交叉问题，不能做到归类上的穷尽与互斥。其原因如同前文中已经做过的解释，实践中的案例内容丰富，本书只选取其在衔接中表现出的核心特点，采用马克斯·韦伯的"理想型"工具进行归类，以对现实中纷繁复杂的衔接实践有相对清晰的归纳。所以，这里四种衔接模式的划分是为更清楚地交代事实，而不是只为科学地归类。当然，随着实践的发展，对四种衔接模式的完善划分仍然有待深入研究与讨论。二是由于时间有限加上新冠疫情影响，对本书中个别案例的后续发展没能继续跟踪，一定程度上对研究的严谨性产生了影响。此外，本书主要对衔接历程、衔接现状、衔接特征、衔接模式、衔接问题与根源进行了分析介绍，并提出推进衔接的对策建议，但关于如何推进分类衔接，对官办慈善组织与民办慈善组织分别建立何种衔接机制，如何推进不同衔接机制的建立；以及如何推进精准衔接，政府救助精细化与慈善救助精细化如何具体推进等问题，都有待进一步研究。

参考文献

一、中文著作

[1] 褚蓥、蔡建旺、余智晟：《改革慈善：现代慈善事业创新改革理论与实践》，社会科学文献出版社 2016 年版。

[2] 邓国胜主编：《公益慈善概论》，山东人民出版社 2015 年版。

[3] 邓国胜主编：《社会创新案例精选》，社会科学文献出版社 2013 年版。

[4] [德] 赫尔曼·哈肯：《协同学：大自然构成的奥秘》，凌复华译，上海译文出版社 2005 年版。

[5] [德] 赫尔曼·哈肯：《高等协同学》，郭治安译，科学出版社 1989 年版。

[6] [德] 马克斯·韦伯：《经济与社会》，林荣远译，商务印书馆 2004 年版。

[7] 韩俊魁、邓锁、马剑银等：《中国公众捐款：谁在捐·怎么捐·捐给谁》，社会科学文献出版社 2020 年版。

[8] 黄晓勇主编：《社会组织蓝皮书：中国社会组织报告（2020）》，社会科学文献出版社 2020 年版。

[9] 孙立平、晋军等：《动员与参与——第三部门募捐机制个案研究》，浙江人民出版社 1999 年版。

[10] 王名：《社会组织概论》，中国社会出版社 2010 年版。

[11] 王浦劬、[美] 莱斯特·M.萨拉蒙：《政府向社会组织购买公共服务研究：中国和全球经验分析》，北京大学出版社 2010 年版。

[12] 王振耀：《社会福利和慈善事业》，中国社会出版社 2009 年版。

[13] 徐麟主编：《中国慈善事业发展研究》，中国社会出版社 2005 年版。

[14] 杨立雄、刘喜堂：《当代中国社会救助制度回顾与展望》，人民出版社 2012 年版。

[15] 杨团：《和谐社会与慈善事业》，社会科学文献出版社 2007 年版。

［16］杨团主编：《慈善蓝皮书：中国慈善发展报告（2020）》，社会科学文献出版社
2020年版。

［17］杨团、朱健刚主编：《慈善蓝皮书：中国慈善发展报告（2021）》，社会科学文
献出版社2021年版。

［18］杨团、朱健刚主编：《慈善蓝皮书：中国慈善发展报告（2022）》，社会科学文
献出版社2022年版。

［19］俞可平：《治理与善治》，社会科学文献出版社2000年版。

［20］郑功成等：《当代中国慈善事业》，人民出版社2010年版。

［21］郑功成、张奇林、许飞琼：《中华慈善事业》，广东经济出版社1999年版。

二、中文文章

［1］《加强慈善捐赠款物管理使用　有力有序支持疫情防控工作——民政部慈善事
业促进和社会工作司有关负责人就疫情防控慈善捐赠相关问题答记者问》，《中
国社会工作》2020年第7期。

［2］毕素华：《官办型公益组织的价值突围》，《学术研究》2015年第4期。

［3］陈斌：《改革开放以来慈善事业的发展与转型研究》，《社会保障评论》2018年
第3期。

［4］陈卫红：《支持社会力量参与社会救助工作的政府作为》，《中国社会组织》
2014年第20期。

［5］程坤鹏、徐家良：《从行政吸纳到策略性合作：新时代政府与社会组织关系的
互动逻辑》，《治理研究》2018年第6期。

［6］褚蓥：《政府与官办慈善组织新型关系及其构建——以深圳经济特区社会工作
学院为例》，《甘肃行政学院学报》2016年第2期。

［7］代丽丽：《北京慈善组织数量居全国首位》，《北京晚报》2018年9月11日。

［8］邓国胜：《政府与NGO的关系：改革的方向与路径》，《中国行政管理》2010
年第4期。

［9］丁朋：《做好社会救助和慈善资源的对接》，《社会治理》2016年第1期。

［10］方闻达：《改革完善社会救助制度、推进社会救助事业高质量发展》，《中国民
政》2020年第16期。

［11］付梵：《成绩闪亮　方式多样　民政部引导规范社会组织助力脱贫攻坚》，《中国民政》2019 年第 14 期。

［12］高媛：《非营利组织参与社会救助：德国模式的立法借鉴》，《中共福建省委党校学报》2016 年第 8 期。

［13］宫蒲光：《慈善事业：疫后反思》，《社会治理》2020 年第 6 期。

［14］宫蒲光：《高度重视社会救助、着力完善制度设计》，《中国民政》2020 年第 14 期。

［15］关信平：《完善我国综合型社会救助体系的基本原则和主要议题》，《中国人民大学学报》2010 年第 5 期。

［16］关信平：《"救急难"需要政府救助与慈善救助有效衔接》，《中国社会组织》2014 年第 20 期。

［17］关信平：《朝向更加积极的社会救助制度——论新形势下我国社会救助制度的改革方向》，《中国行政管理》2014 年第 7 期。

［18］关信平：《当前我国反贫困进程及社会救助制度的发展议题》，《陕西师范大学学报（哲学社会科学版）》2019 年第 5 期。

［19］关信平：《论我国社会救助制度的结构调整与制度优化》，《山西大学学报（哲学社会科学版）》2020 年第 5 期。

［20］何得桂、徐榕：《团结性吸纳：中国国家与社会关系的一种新解释》，《中国农村观察》2021 年第 3 期。

［21］洪大用：《进一步完善中国社会救助体系的若干问题》，《长沙民政职业技术学院学报》2013 年第 9 期。

［22］侯云霞：《建国后我国慈善事业发展的历程分析》，《产业与科技论坛》2014 年第 20 期。

［23］胡澎：《非营利组织在日本社会发展中的作用》，《南开日本研究》2013 年第 1 期。

［24］纪莺莺：《从"双向嵌入"到"双向赋权"：以 N 市社区社会组织为例——兼论当代中国国家与社会关系的重构》，《浙江学刊》2017 年第 1 期。

［25］贾西津：《"统筹"还是"知会"：抗疫中政府与志愿机制的协力模式》，《中国非营利评论》2020 年第 4 期。

［26］贾霄燕、荣冀川：《新中国慈善立法的基调演变——以慈善组织为切入点的分

析》,《河北法学》2014 年第 8 期。

［27］江治强：《慈善救助与社会救助的衔接机制建设》,《行政管理改革》2015 年第
　　　5 期。

［28］江治强：《构建迈向新时代的社会救助制度》,《党政干部学刊》2020 年第 4 期。

［29］金碧华、陈苗青：《慈善 3.0 时代："互联网＋慈善"面临的困境及其破解》,
　　　《行政与法》2020 年第 4 期。

［30］景天魁：《适度公平就是底线公平》,《中国党政干部论坛》2007 年第 4 期。

［31］景跃进：《将政党带进来——国家与社会关系范畴的反思与重构》,《探索与争
　　　鸣》2019 年第 8 期。

［32］康晓光、韩恒：《分类控制：当代中国大陆国家与社会关系研究》,《社会学研
　　　究》2005 年第 6 期。

［33］康晓光、张哲：《行政吸纳社会的"新边疆"——以北京市慈善生态系统为例》,
　　　《南通大学学报（社会科学版）》2020 年第 2 期。

［34］兰芳、罗洁琪、李婧姝：《玉树地震善款交政府统筹使用民间慈善遭遇逆流》,
　　　《新世纪周刊》2010 年第 8 期。

［35］蓝煜昕：《社会组织管理体制：地方政府的创新实践》,《中国行政管理》2012
　　　年第 3 期。

［36］李志伟：《新中国社会救助跃迁研究》,《社会科学家》2020 年第 9 期。

［37］林卡、吴昊：《官办慈善与民间慈善：中国慈善事业发展的关键问题》,《浙江
　　　大学学报（人文社会科学版）》2012 年第 4 期。

［38］林闽钢：《我国社会救助体系发展四十年：回顾与前瞻》,《北京行政学院学
　　　报》2018 年第 5 期。

［39］林闽钢：《中国社会救助体系的整合》,《学海》2010 年第 4 期。

［40］凌嘉彤：《中国慈善事业与社会救助在项目和服务层面的衔接》,《山东行政学
　　　院学报》2016 年第 3 期。

［41］刘力：《政府采购非营利组织公共服务——德国实践及对中国的启示》,《政法
　　　论坛》2013 年第 4 期。

［42］刘秀秀：《官办抑或民办：中国慈善事业在网络化时代的变局》,《思想战线》
　　　2014 年第 6 期。

〔43〕栾翔凌、王海伦：《药品援助：社会力量参与医疗慈善救助的重要模式》，《中国发展简报》2019 年 11 月 6 日。

〔44〕彭华民：《中国社会救助政策创新的制度分析：范式嵌入、理念转型与福利提供》，《学术月刊》2015 年第 1 期。

〔45〕彭少峰：《依附式合作：政府与社会组织关系转型的新特征》，《社会主义研究》2017 年第 5 期。

〔46〕秦振兴：《认同分化与文化阻滞——社会认同视角下官办慈善危机的发生机制》，《理论月刊》2019 年第 9 期。

〔47〕孙远太：《政府救助与慈善救助衔接机制构建研究——基于整体性治理视角》，《中国行政管理》2015 年第 8 期。

〔48〕陶叡：《英美国家慈善事业模式借鉴》，《人民论坛》2014 年第 23 期。

〔49〕田凯：《非协调性约束与组织运作——一个研究中国慈善组织与政府关系的理论框架》，《中国行政管理》2004 年第 5 期。

〔50〕王栋、朱伯兰：《社会组织腐败治理：政社分开的逻辑进路》，《国家行政学院学报》2018 年第 5 期。

〔51〕王晶晶：《政府后退一小步　慈善前进一大步》，《中国青年报》2013 年 7 月 31 日。

〔52〕王君平：《"公募"与"草根"联手有力量（热点解读）》，《人民日报》2012 年 5 月 17 日。

〔53〕王学军：《脱贫攻坚　社会组织在行动》，《慈善公益学报》2018 年 12 月 30 日。

〔54〕王勇：《民政部将推动社会力量参与社会救助》，《公益时报》2020 年 9 月 8 日。

〔55〕翁士洪：《官办非营利组织的内卷化研究——以中国青少年发展基金会为例》，《甘肃行政学院学报》2015 年第 4 期。

〔56〕吴月：《营养改善计划惠及农村学生 3.5 亿人次》，《人民日报》2022 年 10 月 9 日。

〔57〕徐家良、侯志伟：《中国慈善体制改革的三重路径及其演进逻辑——基于三个案例的比较分析》，《北京行政学院学报》2013 年第 3 期。

〔58〕徐盈艳、黎熙元：《浮动控制与分层嵌入——服务外包下的政社关系调整机制分析》，《社会学研究》2018 年第 2 期。

[59] 许艳丽：《社会救助与慈善事业衔接的路径选择》，《新视野》2016 年第 4 期。

[60] 杨道波：《新中国慈善立法的回顾、评估与展望》，《河北法学》2013 年第 5 期。

[61] 杨容滔：《官办慈善会系统转型发展探析》，《法制与社会》2015 年第 27 期。

[62] 俞祖成、邹东升：《日本 NPO 与政府的合作伙伴关系：一个初步研究》，《中国第三部门研究》2012 年第 2 期。

[63] 郁建兴、沈永东：《调适性合作：十八大以来中国政府与社会组织关系的策略性变革》，《政治学研究》2017 年第 3 期。

[64] 张奇林：《论影响慈善事业发展的四大因素》，《经济评论》1997 年第 6 期。

[65] 张铁：《民间"免费午餐"期待政府接棒》，《人民日报》2011 年 5 月 11 日。

[66] 赵莹莹：《"我国慈善事业面临前所未有的发展机遇"——访第十、十一、十二届全国政协委员，清华大学公益慈善研究院院长王名》，《人民政协报》2022 年 11 月 15 日。

[67] 赵宇新：《阔步走在中国社会组织发展之路上——"十三五"时期社会组织工作综述》，《中国社会报》2020 年 12 月 24 日。

[68] 赵祯祺：《依法让慈善事业行稳致远》，《中国人大》2020 年第 21 期。

[69] 郑功成：《多层次社会保障体系建设：现状评估与政策思路》，《社会保障评论》2019 年第 1 期。

[70] 郑功成：《全面理解党的十九大报告与中国特色社会保障体系建设》，《国家行政学院学报》2017 年第 6 期。

[71] 郑功成：《现代慈善事业及其在中国的发展》，《学海》2005 年第 2 期。

[72] 郑功成：《中国慈善事业发展：成效、问题与制度完善》，《中共中央党校（国家行政学院学报）》2020 年第 6 期。

[73] 郑功成：《中国社会救助制度的合理定位与改革取向》，《国家行政学院学报》2015 年第 4 期。

[74] 郑子青：《从新冠肺炎疫情应对看慈善参与短板和未来发展》，《社会保障评论》2020 年第 2 期。

[75] 周秋光：《现代中国社会保障制度与慈善事业 70 年发展进程及其思考》，《中南大学学报（社会科学版）》2020 年第 6 期。

三、学位论文

[１] 李继真:《美国慈善事业研究》,硕士学位论文,山东大学,2017 年。

[２] 龙永红:《互惠利他链:官民慈善组织资源动员的比较研究》,博士学位论文,南京大学,2012 年。

[３] 邵静野:《中国社会治理协同机制建设》,博士学位论文,吉林大学,2014 年。

[４] 沈晓宇:《推力、制度、路径:日本政府与非营利组织合作关系探析》,博士学位论文,复旦大学,2013 年。

[５] 王雪琴:《慈善法人研究》,博士学位论文,武汉大学,2010 年。

[６] 王志华:《合作治理背景下政府对社会组织的管理研究》,博士学位论文,武汉大学,2015 年。

[７] 俞祖成:《日本福利 NPO 在养老福利供给中的参与研究》,硕士学位论文,西南政法大学,2009 年。

四、英文著作

[１] Johnson Norman, *Mixed economies of welfare-acomparative perspective*, London and New York: Prentice Hall Europe, 1999.

[２] Rose, R. & Shiratori, R.(eds), *The welfare state: east and west*, New York: Oxford University Press, 1986.

[３] Stewart John, *The mixed economy of welfare in historical contex*, Bristol: The Policy Press, 2007.

五、英文文章

[１] Evers, A, "Shifts in the welfare mix: introducing a new approach for the study of transformation in welfare and social policy", in *Shifts in the welfare mix*, Evers, A. & Wintersberger, H.(eds), Vienna: Vienna European Centre for Social Welfare Training and Research, 1988.

[２] Haley Brokensha & Lina Eriksson, "Charity, signaling and welfare", *Politics, Philosophy & Economics*, Vol.15, No.1, 2016.

［3］Johan Vamstad & Johan von Essen，"Charitable giving in a universal welfare state-charity and social rights in Sweden"，*Nonprofit and Voluntary Sector Quarterly*，Vol.42，No.2，2019.

［4］Julian Le Grand，"Competition，co-operation or control? Tales from the British National Health Service"，*Health Affairs*，Vol.18，No.3，1999.

［5］Kang Xiaoguang and Han Heng，"Administrative Absorption of Society: A Further Probe into the State-Society Relationship in Chinese Mainland"，*Social Sciences in China*，No.2，2007.

［6］Kaspar Villadsen，"Modern welfare and 'Good Old' philanthropy: A forgotten or a troubling trajectory？" *Public Management Review*，Vol.13，No.8，2011.

［7］Kerem Gabriel Oktem & Cansu Erdogan，"Between welfare state and（state-organised）charity: How Turkey's social assistance regime blends two competing policy paradigms"，*International Journal of Sociology and Social Policy*，Vol.40，No.3/4，2020.

［8］Maoz Brown，"Cooperation，coordination，and control: The emergence and decline of centralized finance in American charity"，*Social Science History*，2018.

［9］Peter Taylor-Gooby，Jan-Ocko Heuer，Heejung Chung，Benjamin Leruth，Steffen Mau & Katharina Zimmermann，"Regimes，social risks and the welfare mix: Unpacking attitudes to pensions and childcare in Germany and the UK through deliberative forums"，*Journal of Social Policy*，Vol.49，No.1，2020.

［10］Samuel P. Hammond，"It（still）takes a nation: Why private charity will never replace the welfare state"，*Independent Review*，Vol.23，No.4，2012.

［11］Staffan Förhammar，"Scientific philanthropy and welfare politics of solidarity: A discussion of the roots of the Swedish welfare state"，*Scandinavian Journal of History*，Vol.41，No.1，2016.

［12］Tracey M. Coule & Ellen Bennett，"State-voluntary relations in contemporary welfare systems: New politics or voluntary action as usual？" *Nonprofit and Voluntary Sector Quarterly*，Vol.47，No.4S，2018.

［13］Tracy Smith-Carrier，"Charity isn't just，or always charitable: Exploring charitable and justice models of social support", *Journal of Human Rights and Social Work*, No.1, 2020.

[14] Vasiliki Chalaza, Christos Tsakas, & Karolos Iosif Kavoulakos, "From charity to welfare: Disability movement, institutional change and social transformation in post-dictatorial Greece", *Disability Studies Quarterly*, Vol.40, No.3, 2020.

附录 I
慈善事业与社会救助衔接的国际做法

随着历史进程的不断变迁，贫困与反贫困的斗争从未中断过，世界各国都依据本国国情制定出适合各自发展的社会救助措施。这些措施并不是单一由政府实施，而是联合个人、社会团体组织等合力实施。尤其是慈善事业，在西方国家较为发达，形成了独特的慈善救助制度，并与政府救助形成了一定的衔接与合作。参考发达国家做法对完善我国慈善事业与社会救助之间的衔接是十分必要的。此处以英国、美国、日本为例，分析三国中的慈善事业与社会救助的衔接，以期为本书提供参考。之所以选取这三个国家，理由如下：英国政府 1998 年签署《政府与志愿及社区组织合作框架协议》(COMPACT)，成为世界范围内政府与社会合作的典范；美国慈善事业发达，慈善组织与政府之间存在广泛合作，而且美国是非成文法国家，它的《慈善法》立法模式与我国不同；日本与中国同属亚洲国家，慈善事业相关立法完善，在政府与慈善组织协作开展救助尤其是地震等灾害救助的做法，值得我们参考。

在具体写作体例方面，本部分仍延续正文的写作体例，分为三节，分别介绍英国、美国、日本的做法，每个国家的做法围绕衔接方式、衔接特征、衔接案例、衔接经验与教训五个方面展开。

第一节 英国慈善事业与社会救助之间的衔接

英国是世界上最早制定《济贫法》与《慈善法》的国家，为政府救助与慈善救助的衔接提供了制度基础。英国慈善组织高度发达，1601年颁布的《慈善法》中规定了政府要对慈善组织提供的各种支持，慈善组织与政府之间建立了良好的合作关系，在社会救助领域尤其如此。可以说，英国的政府救助与慈善救助衔接从制度到实践，堪称典范。本节主要从英国慈善事业与社会救助衔接的方式、特征、案例、经验与教训等方面进行介绍。

一、英国慈善事业与社会救助衔接的方式

英国的慈善模式强调政府与民间组织的合作。慈善组织的慈善活动只要有利于国民福利增加，就能够获得政府支持。政府支持慈善组织，经常以财政补贴方式，以促使其可以更好地提供社会救助服务。英国政府与慈善组织合作的方式主要有两种：一种是政府授权委托，慈善组织接受委托；另一种是双方签订契约，政府出资购买，慈善组织提供相关服务。

（一）政府授权委托方式

政府将一些社会救助事务交给慈善组织开展，通过制定政策法规的形式确立授权委托制。政府会提供政策支持，并对其进行监督和管理；慈善组织接受委托，履行相关职能；政府通过慈善委员会对慈善组织实施的社会救助行为进行监督和指导。通过政府授权委托方式，不仅降低了行政成本，而且慈善组织也可由此发挥自身灵活性、专业性的优势，改善救助效果。

英国成立了各种各样的慈善组织，慈善渗透在英国人民生活的方方面面，为需要帮助的人提供了大量服务，政府也依托慈善组织参与相关社会救助事务。例如，慈善收容所——参与流浪人员的收容服务工作；受害

者慈善机构——为受家庭虐待的受害者提供支持服务；弱势儿童慈善团体——帮助救助弱势儿童，等等。这些慈善组织接受政府的委托，并参与到社会救助当中，替政府承担了部分工作，政府则为这些慈善组织提供资金以及政策等方面的支持。在2020年新冠疫情期间，英国财政大臣里希·苏纳克（Rishi Sunak）宣布将投入7.5亿英镑资金支持慈善机构，以确保它们能够在疫情期间继续开展工作。慈善收容所和受害者慈善机构将获得政府资金支持，作为英国范围内一系列援助计划的一部分，3.6亿英镑将由政府部门直接分配给慈善机构，以便其提供关键服务，并在危机期间支持弱势群体。这是比较典型的政府通过授权委托的方式，直接拨付资金，支持慈善组织开展工作，从而形成与慈善事业之间的衔接。

（二）政府出资购买方式

双方签订契约，是指政府为降低成本，推动慈善组织发展并发挥慈善组织专长，通过竞争的方式，将一些社会救助服务以购买的方式交给有资质的慈善组织。英国政府与民间慈善组织签订契约的方式通常表现为双方就某一救助项目达成协议，签订合同。政府负责提供资金，慈善组织负责人力、技术及管理。政府购买方式借用企业管理方法，通过订立合同、公开招投标和竞争性谈判等方式来实现与慈善组织的合作。其中，公开招标是最常见的一种方式，慈善组织通过公开竞争获取提供服务的资格，以此使各慈善组织之间产生良性竞争，从而降低购买社会服务的价格，提高资金的使用率，提升社会服务的效果。

20世纪80至90年代是英国养老服务体系的改革阶段，为了减轻政府压力，英国政府不再兼顾筹资者和服务提供者的双重角色，而是建立"准市场"机制，将服务提供更多地交由非营利组织与营利组织来完成，并鼓励私营部门和慈善组织参与。政府尽量减少直接服务供给，更多地充当政策制定、监督、评估以及购买服务的角色。不仅是老年人，还包括残疾人、儿童、妇女等其他弱势群体的救助服务，也大都采取政府向慈善组织购买服务的方式实现。

二、英国慈善事业与社会救助衔接的特征

（一）政府与慈善组织之间签署了明确的合作协议

为了达到更好的合作效果，1998 年，英国政府签署了 COMPACT。随后，英国地方政府于 2000 年签署了地方版的 COMPACT。COMPACT 作为全球范围内第一份政府与慈善组织签订的合作协议，阐明了双方合作关系的原则，在政府与社会合作领域起到了优秀的典范作用。COMPACT 的主要内容包含以下五个方面："资金与政府采购守则，咨询和政策评估守则，志愿守则，黑人与少数民族志愿和社区部门守则，社区守则。"[1] 每一方面都包含了一些基本原则和操作遵守承诺。因此，COMPACT 是一种双向的、互为承诺的协议。

（二）政府与慈善组织之间是合作型伙伴关系

COMPACT 协议的核心思想是强调政府与慈善组织之间的平等伙伴关系，倡导志愿精神和对非营利公益慈善事业的追求，同时也表明政府与慈善组织之间各自承担着不同的责任。"政府始终扮演着支持者角色，并起到引导和帮助的作用，而慈善组织则是积极的执行者角色"[2]。在合作型伙伴关系中，政府的主要职责可以归纳为支持、引导、尊重、付费、监测和评估。支持——政府为慈善组织提供机会、实施激励措施，并辅之以强有力的配套体系支撑慈善组织的发展；引导——政府设计相关的表格，使得慈善组织能充分了解信息，并对申请表的内容充分了解；尊重——尊重慈善组织的独立性；付费——政府允许慈善组织在提供特别服务时与企业一样收取一定费用的权利；监测——政府根据标准对慈善组织承担的公共服务进行监测；评估——对合同的成果进行评估。

（三）政府与慈善组织的合作受到法律规范

英国颁布了《1601 年慈善用益法》，以保证慈善资源真正用于慈善，

---

[1] 王志华：《合作治理背景下政府对社会组织的管理研究》，博士学位论文，武汉大学，2015 年。

[2] 陶叡：《英美国家慈善事业模式借鉴》，《人民论坛》2014 年第 23 期。

服务于公共利益。《1601 年慈善用益法》作为英国慈善法发展的一个重要标志，开创性地建立了对慈善信托的监管机构。《1853 年慈善法》颁布，使英国有了真正意义上的全国性的、常设的专门监管机构——慈善委员会。《1860 年慈善信托法》颁布，设置的程序过于烦琐与僵化，《1960 年慈善法》改变了这一情况，之后慈善委员会既是行政机关也是准裁判机关。《1993 年慈善法》进一步扩大慈善委员会的权力，明确了慈善委员会的核心职能，即控制慈善组织的运作，该法详细规定了慈善委员会管理慈善组织过程中的登记、问责、监管、支持和强制执行五项主要职能。《2006 年慈善法》重塑了英国慈善监管体制，确立慈善委员会的具体目标、功能及职权，建立起综合性的慈善委员会制度。2011 年修订的《慈善法》明确了慈善委员会作为具有特殊独立性的主管慈善事务的政府机关的法律地位。自 2016 年开始，慈善委员会获得英国政府给予的更大权力，不仅可以干涉慈善机构的决策和冻结慈善机构的资产，而且在重大责任性事件发生时，有权直接任免慈善组织的受托人和管理人员。英国经过历年《慈善法》的修订，不仅完成了慈善委员会的现代化再造，也使政府与慈善事业之间的合作处于法律规范之下。

三、英国慈善事业与社会救助衔接的案例——以住房救助为例

英国的住房救助领域比较典型地体现了政府与慈善事业之间的衔接，因此，本书以住房救助为例，分别从资金衔接、信息衔接、政策衔接三个方面来介绍在住房救助中政府与慈善事业之间的衔接状况。

第一，资金衔接。英国住房协会是英国民间住房的互助组织，承担着政府部分的住房管理事务。在住房救助中，住房协会和政府之间实质上是一种委托与代理的关系，政府作为委托人，将社会住房服务委托给住房协会运营，并给予资金政策等支持。自 20 世纪 60 年代起，英国政府每年都会投入大量财政资金支持住房协会，并且随着住房协会规模的扩大以及住房事务的扩展而增加财政资金的投入。另外，英国政府还给予住房协会土地优先购买权，并将土地以优惠价格出售给住房协会，如果协会购地款不

足，政府还会向其提供低息或无息贷款，甚至允许协会先建房后付款。住房协会主要通过政府授权，对原来由政府管理的社会住房进行管理，并在租金和物业费上接受政府补贴，从而能够以低价出租房屋给低收入者。

第二，信息衔接。如果一个家庭在支付房租后基本没有剩余收入，在英国属于低收入家庭，他们可以向地方政府申请住房补贴，地方政府在进行家计调查后，会给该家庭发放一所住房，类似于我国的廉租房。相对于收入而言，在享受政府补贴后租金可以忽略不计。但家具只配给冰箱和炉具，如果需要其他家具的话，该家庭可以向住房协会提交申请，在住房协会批准申请后，会给予该家庭补贴，帮助其缴纳电气、燃气等费用。此外，住房协会还会根据救济对象的情况发放家具补贴券，但要求这种补贴券只能在慈善机构下设的社会企业（往往是二手用品店）里购买。当低收入者申请住房救助时，须如实申报自己的家庭收支、财产状况、居住现状、职业情况、家庭人口及构成、子女年龄等信息，政府和住房协会在对低收入者相关信息进行审核认定之后，给予低收入者相关租房及其他生活补助。在低收入者个人及家庭信息方面，政府与住房协会是共享的，政府通过家计调查，确定低收入的申请资格，住房协会则在此基础上，再次审核申请者相关信息，最后为已经资格认定过的低收入者提供住房救助服务。

第三，政策衔接。根据 1989 年的英国《住房法》，大量住房由地方政府转到住房协会，住房协会成为新的租赁住房的供给主体。此外，住房协会在兴建租住房的同时，还提供教育、培训、就业等多种形式的社区服务，低收入者的生活状况得到极大改善。截至 2013 年底，英国的社会性租赁住房达 403 万套，住房协会管理着其中的 234 万套，占总量的近 60%。在政策上，英国不仅专门制定了《住房协会法》，还在政府颁行的所有住房法规中提及关于住房协会的内容，而且在《慈善法》《公司法》《土地法》《税法》等法律体系中也出台了关于住房协会的相关条款，以此在政策上保障住房协会与政府的合作。

四、英国慈善事业与社会救助衔接的经验

（一）慈善组织与政府在角色分工上的合理定位

英国不但确定了政府与慈善组织在合作中不同的功能定位，而且以协议的形式固定下来。COMPACT 明确规定了英国政府与慈善组织在开展社会救助事务中的角色，并表明政府承担首要责任，与慈善组织平等合作。此外，还明确规定政府在保持慈善组织独立性的基础上，有义务和责任通过各种形式扶持和帮助慈善组织发展。慈善组织同样需要以客观、准确的态度评估自身的发展现状，承担起责任，及时向政府报告发展现状。在科学合理定位的基础上，使政府与慈善组织各司其职，开展社会救助工作。

（二）政府对慈善组织的支持政策持续制度化

英国政府每年都会提供 33 亿英镑的财政资金用于公益支出，这些财政资金将以公开竞争政府采购和政府委托等方式提供给民间慈善组织。英国用于公益支出的资金很大一部分来源于每年的博彩收益。COMPACT 明确规定政府需要对民间慈善组织给予财政支持，同时也要保证民间慈善组织的独立性、财政资金使用情况的公开透明，避免出现资金滥用以及被贪污的现象。不仅如此，英国的《慈善法》已经有四百多年的历史，且在不断地修改完善中，以实时适应慈善事业发展需要。

（三）设立独立的国家监督机构

如前所述，英国慈善委员会对公益慈善组织的监管发挥着重要作用，从慈善组织的成立注册到慈善组织解散，慈善委员会一直在全程跟进并引导监督。英国慈善委员会的独立地位，不仅对慈善事业的发展有利，也对建立和维护政府与慈善组织之间的平等伙伴关系有益。

（四）通过衔接促进慈善事业发展

朱利安·勒·格兰德曾经研究过英国政府与慈善组织的衔接问题，并将其分为信任、不信任、呼声和选择四种模式[①]。其中，政府直接拨款给慈

---

① Julian Le Grand, "Competition, co-operation or control? Tales from the British National Health Service", *Health Affairs*, Vol8, No.3, 1999.

善组织是信任；不信任是政府通过"目标加绩效管理体制"激励慈善组织；呼声是让救助对象向服务提供者抱怨或投诉；选择是让救助对象自由选择服务组织，鼓励慈善组织之间的竞争，以服务人数来决定政府拨款对象的模式。在他看来，这四种模式各有其优势所在，但最主要的是面向用户和服务提供者，让用户拥有选择权，并通过竞争刺激服务提供者提供更好的服务，以此形成一种高效公平竞争的模式，使用户享受更优质的服务。这四种模式的做法都是非常值得参考的。

五、英国慈善事业与社会救助衔接的教训

（一）慈善组织过度依赖政府资金支持

英国慈善组织的资金来源很大程度上依赖于政府的财政支持，英国政府每年拨款 33 亿英镑支持慈善组织，占慈善组织每年运营总额的三分之一。另外，政府还通过税收减免政策、博彩运营收益等支持慈善组织。因此，英国慈善组织在较大程度上依赖于政府的资金支持。过度依赖政府资金支持将不利于慈善组织的独立运营，会使慈善组织在作用发挥上受到限制。政府与慈善组织之间本来就是各有优势，各自发挥所长，如果慈善组织过分依赖政府资金，不仅不利于双方的平等协作，而且会影响慈善组织的自由发展及其独立性。

（二）合作协议在实践中并未完全"落地"

COMPACT 作为英国政府与慈善组织合作的框架协议，对政府与慈善组织的合作具有指导意义。但是在实际合作过程中，双方却并没有真正启动这一合作模式，而是将一套系统全面的具有可操作性的合作框架蜕化成简单的购买"合同"，COMPACT 的原则在实际操作中很大程度上被忽视。而且，政府的购买是不平衡的。例如，2001 年慈善组织有三分之一资金来自政府，但是只有 10% 的慈善组织享有。说明 COMPACT 在实际运用过程中并没有得到体现，上层指示与下层操作错位，同时也说明了制度自下而上演进的必要性。政策虽然可以被强有力地在全国范围内推广开来，但是其实际效果只有在与基层情况相适应的基础上才能体现出来。

第二节　美国慈善事业与社会救助之间的衔接

美国慈善事业的发达，首先体现在其发展规模上。美国的慈善组织在数量上位于世界前列，"仅在 2013 年，美国公共慈善组织的数目就达到 1022856 个，私人基金会数目为 100276 个，且公共慈善组织数量增加迅速，2013 年美国公共慈善组织数量比 2003 年上升了 30.6%"[①]。美国慈善组织不仅数量众多，而且所属职能分工明细、覆盖范围较广。几乎所有的慈善组织都有各自的定位和特色。

其次体现在其数额巨大的慈善基金上。慈善基金是慈善机构赖以生存和发挥作用的先决条件，承担着募捐和捐赠善款的重要任务。"单就美国 2015 年的慈善捐赠总额，3733 亿美元的数字，若加入全球 2015 年国内生产总值比较，都可以排到 31 位，足以见证美国慈善捐赠数额之巨大。"[②] "此外，美国慈善基金的来源主要包括个人捐赠、基金会捐赠、企业捐赠、遗赠。个人捐赠是美国慈善事业最重要的资金来源，其次依次为基金会捐赠、遗赠和企业捐赠。2014 年大约 72% 的慈善捐款来自个人捐赠，15% 来自基金会捐赠，5% 来自企业捐赠，8% 来自遗赠。"[③] 由此可以说明美国的慈善事业不仅在组织上规模庞大，而且资金雄厚、来源众多，广大民众的参与率也比较高。

一、美国慈善事业与社会救助衔接的方式

（一）授权——委托方式

在公共事务领域，政府授权是一种常见的方式。慈善事业中的政府授权，是指政府将社会救助领域中某些权利与义务赋予慈善组织。政府将医

[①] 李继真：《美国慈善事业研究》，硕士学位论文，山东大学，2017 年。
[②] 同上。
[③] 同上。

疗、教育、科技等救助领域的职能委托给慈善组织，不仅为其提供资金支持还在法律上认可慈善组织的地位。美国政府合理界定救助责任和主体，将部分救助权利让位于民间慈善组织，提高了政府的社会服务水平和质量。一方面，慈善组织通过政府授权拥有了政府方面的政策支持和财政补贴；另一方面，当慈善组织实施政府授权行为时，在发挥行业自律的同时还应该接受来自政府和社会的监督与管理。这就要求慈善组织既要扮演自律的"社会人"角色，又要扮演透明的"经济人"角色。因此，通过授权的方式，美国政府和慈善组织能够发挥各自的长处，形成良好的合作关系。1905年，美国政府授权红十字会作为灾难援助组织，后者在美国突发灾难的救助中扮演着重要的救助角色，几乎能够在美国的每一个小镇上看到红十字会的身影。包括红十字会在内的众多慈善组织，在获得政府授权后在各自救助领域内发挥了重要作用。

（二）契约——购买方式

政府购买服务的方式在美国由来已久，并逐步发展为社会力量分担政府公共职能的重要方式之一。政府购买服务主要指政府把属于自己的部分公共服务职能和责任，通过一定的方式和途径，依托市场规律委托给专业化的慈善组织来完成。美国通过政府购买方式与慈善组织合作的历史可以追溯至20世纪80年代，当时的美国由于政府机构冗杂、财政危机而引发了公众的强烈不满，因此，美国政府利用购买非营利组织的服务来转移部分的公共服务职能。在购买公共慈善服务时，美国政府首先注重法律保障，颁布相关法律文件。不仅在联邦层面推出和实施相关法律，州政府也可以根据本州情况制定。发展到今天，美国已构建出了相对完整的法律框架，对政府购买的一系列过程作出了详细的说明，更好地推动了购买服务高效、有序的进行。其次在具体的运行中主要依靠合同外包的方式与慈善组织构建平等的合作关系，通过公开招标的方式把服务项目外包给慈善组织。为规范政府和慈善组织的双方行为，美国主要采用合同竞争机制，规避交易过程中的一些不当行为、维持竞标过程中的良性竞争。最后美国政府也制定了严格的准入和监督机制，培育和引导慈善事业的健康发展。

二、美国慈善事业与社会救助衔接的特征

（一）衔接主体：政社合一

在社会救助领域，美国主要拥有两大类救助主体，分别是自上而下开展救助的政府机构，以及自下而上开展救助的慈善组织。由于救助需求广泛而救助力量有限，实现不同主体的有效衔接是满足社会需求、提高救助质量的首要条件。在早期的社会救助中美国政府与慈善组织属于独立存在的两个主体，政府的大包大揽产生财政负担加剧、救助效果不理想、效率低下等弊端。根据 1974 年《社会保障法改革法案》，政府可以资金购买社会服务。此后，州和地方政府迅速开展购买服务活动，以此来完成州的社会福利任务。目前，美国政府已经与慈善组织形成了默契的合作关系。二者不是领导与被领导的关系，而是平等且相互独立的：政府不直接干预慈善组织的运营活动，而是以倡导者和监管者的角色参与慈善事业。同时，慈善组织也不会因接受政府的资金支持而丧失独立地位。慈善组织不仅承接了众多公共服务，还在一定程度上影响着美国政府的政策制定。这种政府与慈善组织协同治理的方式在美国公共事务中随处可见。

（二）衔接方式：多种方式并存

美国政府与民间慈善组织的多种衔接方式是在实践中逐步形成的。在早期阶段，美国政府与慈善组织的合作甚少。美国长期存在的慈善自觉以及民间自由主义盛行使得政府逐渐从公共事务中脱离出来。加之，公共服务领域涉及项目众多，既包括如设备购买的市场服务，也包括儿童福利的社会服务。在慈善救助方面，政府、市场、第三部门等多部门联合管理模式涌现，之前的政府、市场管理模式不再适用。值得注意的是，美国政府与慈善组织的多种衔接方式是建立在美国国情和完善的监管体系之上的。美国政府将部分公共职能授权给慈善组织，并愿意给予资金支持。但是，美国政府又并非完全信任民间慈善组织，而是采用多种政策和市场方式予以监管。目前，政府购买服务是政府处理公共事务的主要方式，而具体的政府购买方式也是多种多样的，主要包括合同交易、公私共助、政府补贴

和服务使用者出资等。政府与民间慈善事业的多种衔接方式正是为了适应慈善事务的复杂性和多样性。

（三）衔接资源：互为补充和共享

美国政府与慈善组织的合作互动建立在多种资源的相互补充和共享上。政府与慈善组织各自拥有的资源具有差异性，因此二者能够互为补充。美国政府也十分重视对各种资源的利用和共享。在美国的公共救助领域，除了资金衔接，还有信息、人员、政策等资源衔接。在资金衔接上，无论慈善事业怎样发展，政府都是社会救助的第一责任主体。但是，仅凭政府的财政资金是无法满足全部的救助需求的，因此美国政府一方面保证财政资金的稳定性，另一方面采用多种激励措施鼓励民间力量参与慈善捐赠。这一做法不仅弥补了政府资金的不足，还促成了良好的慈善氛围。在信息衔接上，政府将调查获取的需求信息共享给慈善机构，一方面节省了人力物力，另一方面提高了救助的效率和质量。在人员衔接上，美国政府与慈善组织的合作体现了分工明确、衔接得当的特点。在某些专业领域如医疗救助领域，政府并不过多插手，而是交由专业的社会组织来运行。在政策衔接上，美国政府通过政策制定规划大政方针，而慈善组织则作为民间力量监督政策实施情况，并且提供相关意见，督促政府出台相应法律法规。

三、美国慈善事业与社会救助衔接的案例——以医疗救助为例

如前所述，美国慈善事业发展成熟，具备专业服务能力。在与政府救助的衔接中，常规模式是由政府提供资金，慈善组织提供专业救助服务。所以，二者的衔接要素必然包括资金衔接与人力资本或者服务衔接。当然，不同的救助领域，衔接要素也不尽相同。本书以医疗救助为例，从资金衔接、信息衔接与人员衔接三个方面分析慈善事业与政府救助之间的衔接问题。

第一，资金衔接。美国医疗救助体系中资金筹集的主要来源是政府，其次才是民间慈善组织。这种筹资模式以国家财政收入为担保，也从侧面保证了公民接受医疗救助的稳定性。政府出资的来源分别有联邦和州两部

分，属于二者联合供款。联邦政府根据各州的人均收入来分配每个州的救助基金，通常联邦政府供款占到基金总数的50%—83%，并且联邦政府会有目的地向人均收入水平较低的地区倾斜，从宏观上缩小落后地区医疗救助水平的差距。同时州政府也需要承担足够的资金支持以保障当地医疗救助服务的正常运行，具体投入资金的多寡则取决于各州医疗救助的实际需求。美国政府在支付医疗救助费用的同时，也不忽视民间力量，积极鼓励社会组织、公众进行慈善捐赠，期望医疗救助与民间捐赠形成长期衔接关系。

第二，信息衔接。美国政府与慈善组织在医疗救助领域的高效衔接依赖于信息共享机制的完善。在美国，医疗救助的基金来源主要在于财政资助，对救助者提供服务的主要是医院和医生。政府出资购买医疗组织的救助服务并向其提供符合条件的受助者名单。从20世纪90年代起，政府开始购买管理式医疗救助组织的服务，管理式医疗组织不仅提供医疗救助服务还负责费用收集和管理。由于政府不直接参与医疗救助过程，所以美国政府会在救助服务开始前主动向医疗救助机构共享需求信息，从而使得救助者能尽快接受医疗服务。全面、及时、准确的信息资源共享不仅能够减少救助组织获取信息的工作量，还能缩减成本。

第三，人员衔接。人力资源互补也是政府和慈善组织协同发展的重要因素。首先，美国政府对于医疗救助的干预主要在于提供救助资金、构建政策法规以及必要的监管，对于慈善组织如何完成医疗救助项目，政府是不过多干预的，那么救助过程中的人员沟通就显得尤为重要。其次，政府救助部门工作人员有限。政府在开展医疗救助工作时，需要提前核实申请人员资质以及实地调查。前期工作量大，而政府人员紧张，这就需要通过外包的方式购买民间慈善组织的相关服务，通过公开招标选择民间救助人员和组织，从而实现双方在人力资源上的良好衔接。再次，政府部门中缺少专业医疗救助人员。政府很少有工作人员具备相关领域的专业资格。因此，美国政府特别重视与慈善组织之间的合作与交流，因此会建立各种平台与途径，方便二者的沟通。例如，安排政府救助人员参与到民间慈善组织的工作中，体验和学习专业性流程，还会邀请业内的专家学者开展讲座来辅导政府人员。最后，政府作为民间医疗救助的服务购买方，为保证救助质量会严格设置专业人员准入机制，并注重日常的培训和考核。在医疗救助的人员安排上，政府与慈善组织之间分工明确、衔接得当。

四、美国慈善事业与社会救助衔接的经验

（一）政府和慈善组织是建立了合作伙伴关系

在包括救助在内的公共事务领域，美国政府与民间慈善机构逐渐形成了平等的合作伙伴关系。美国政府认可慈善组织，视民间慈善组织为自己公共事务上的合作伙伴并且充分尊重慈善组织的合法和独立地位。美国的民间慈善机构运作相当成熟，慈善事业的发展依托于这些体系完善的慈善机构。因此，美国慈善机构是相对独立于政府的存在，其日常管理、人员安排、经济运行不受政府直接干预，只要不违背基本的法律规定，在某些公共事务的处理上，政府甚至让渡出某些领域和资源，以合同外包的方式交由民间慈善组织自行发挥。尽管政府出资购买了慈善组织的救助服务，但也仅仅扮演着财政资金的提供者、过程监控和结果验收的监督者，而对于慈善组织的实际救助是不进行任何干预和指示的，完全由具有专业性的慈善组织独立运行。政府在选择外包对象时也会综合考虑慈善组织的资质和能力，在一定程度上推进了民间慈善组织的总体质量。这种平等的合作伙伴关系不仅保障了民间慈善机构的相对独立性，而且使得政府的行政事务能够缩小成本且高效完成。

（二）政府与慈善组织作用互补

美国政府与慈善组织的关系，并非单纯的合作或者竞争，二者的关系是复杂多变的。但是，无论处在合作还是竞争状态，二者都会协同发展，以实现任何一方都无法独自实现的巨大成效。在公共事务的处理上，由政府提供资金支持，慈善组织则在保持自身独立的情况下，通过提供专业服务的方式参与到公共事务中来。比如，在当前的社会救助和社会福利领域，由慈善组织为被救助群体或者其他弱势群体提供专业服务支持。在传统的

治理理念中，单纯以政府和市场为中心的治理模式面临失灵的风险。如今美国形成了政府、市场和社会组织三方合作治理的模式。政府同民间慈善组织是相互依赖的关系，二者共享资源、沟通协商互动过程中出现的问题。政府主要负责宏观把控和有效监管，民间慈善组织则需要加强自身能力建设，在协同发展的过程中提升双方价值和效能。

（三）促进政府救助与慈善事业衔接的法律保障体系完善

相较于其他发达国家专门和独立的慈善法律，美国在慈善立法上采用分散式立法原则，分散于宪法、税法、公司法等法律条文中。美国宪法重在保障公民自愿参与慈善和结社的权利，税法重在激励和监督慈善事业，公司法则关注慈善组织的运行和治理。尽管美国当前没有一部完整独立的慈善法，但美国的慈善法律体系十分完善，相关制度运行都有法律依据。这些不同的部门法律，不仅支持、规范着慈善事业的发展，同时为政府的监管，以及慈善事业与政府之间的合作提供了全方位的法律保障。

五、美国慈善事业与社会救助衔接的教训

（一）政府过多干预使得慈善组织的独立性一定程度上受损

在衔接过程中，政府与慈善组织的博弈从未中断过。慈善组织的独立性是其本性，理应自主运行，政府需要发挥引导和监管作用。但是，由于慈善组织中的慈善基金较多来源于政府各种形式的财政补助和捐赠，因此慈善组织的日常运行和决策在很大程度上受政府财政状况和意愿的制约，同时慈善组织的独立性也受到一定影响。在实践中，慈善组织在开展活动时并没有做到完全独立，作出相关计划和决定时或多或少受到了政府的影响。有关调查显示，慈善组织越多地接受政府的资金支持，其独立决策和运行则越多地受到政府影响。

（二）政府与民间慈善组织之间的衔接缺乏明确的制度安排

美国民间慈善组织数量众多、体系庞大，几乎遍布社会各个领域。政府也视其为公共领域的管理主体之一。虽然美国政府与慈善组织的合作模式已经取得显著成绩，但是二者的合作衔接关系更多停留在实践运作领域，

美国政府并没有就二者的合作互动关系作出正式、明确的制度安排。例如，COMPACT 是英国政府与慈善组织合作伙伴关系的法律协定。近年来，美国慈善组织与政府之间的衔接日益完善和深化，同时民间慈善组织的影响力也在日益增大。为了更好地规范双方行为和完成救助使命，明确的制度约束必不可少。

（三）政府与慈善组织对彼此的认识程度有待提高

美国政府与民间慈善机构合作确实有众多优势，也是大势所趋。但是，美国政府与慈善组织合力解决社会问题时，也存在因双方了解不足而产生问题的情况。双方的工作目标、性质以及方式都存在很大差别，而在公共领域的合作上又需要二者求大同存小异，摩擦和冲突容易影响救助效率和目标的实现。例如，政府通过购买服务开展救助活动时，并不十分了解慈善组织的资金利用情况，导致政府工作人员很难为服务承接方的工作提供精准的预算；由于双方的工作理念差异，二者的救助标准和目标并不能完全相同，这就会影响到既定救助目标的达成；由于慈善组织并不十分了解政府的行政要求，就会影响到双方的沟通效力和结果的呈现标准。

第三节　日本慈善事业与社会救助之间的衔接

不同于中国的针对慈善事业的专门立法，日本慈善事业制度散见于《关于一般社团法人以及一般财团法人法》《特定非营利活动促进法》等相关法律，并且立法较早，相对健全，其中关于慈善事业参与社会救助的做法不乏值得我们参考之处。例如，日本早在 1974 年设立的"共同募金会"。作为日本规模最大的政府与民间共同组织的慈善机构，由中央募金会与地方性募金会组成，与中国后来的慈善会系统颇具类似之处。因此，日本慈善事业与社会救助的衔接，尤其是在灾害救助方面，是亚洲国家的代表。

一、日本慈善事业与社会救助衔接的方式

从政府对慈善组织的管理方式来看，日本采用的是行政部门分口主管模式。不仅其设立需要经过主管部门的许可，慈善组织的业务也归主管机关监督。不过由于众多慈善组织的目的及事业范围各不相同，所以主管部门也各不相同，不同事务分别由有关事务的总理府及各部委主管。日本对非营利组织的注册和管理职责分散在各个部门中，比如，"经济企划厅负责一般非营利组织的登记注册，文部省、厚生省则负责学校、医院等专业性非营利组织的登记注册"[①]。不同类型的非营利组织依据的是不同的法律规范。

从政府与慈善组织的合作关系来看，日本政府采用的是"协动"[②]政策。协作理念是日本政府于2009年民主党上台以后在提出"新公共"理念的背景下逐渐发展起来并引领日本社会治理的。"协动是达成如下目标的手段，即两个或两个以上的不同行为主体在相互协商的基础上设定相互认可的活动目标，为完成这一目标各行为主体应基于平等的立场展开自主、自律的相互交流与通力合作，努力获得任何单一行为主体都无法取得的具有相乘效应的活动成果。"[③]基于协作政策，日本地方政府纷纷展开行动，设立负责协作事务的部门，实施与协作相关的政策，协作理念逐渐渗入日本各级政府的政策实务当中。从地方政府与慈善组织进行协作的众多具体形式中，可以归纳出三种具有代表性的协作形式。

（一）慈善组织主导型协作

顾名思义，该协作方式强调慈善组织的独立性和自主性，政府则扮演协助和支援的角色。慈善组织除了负责制定详细的公开事业计划书、报告书以及预算、决算报表并将其彻底公开以外，还要充分理解政府相关主管

---

① 王雪琴：《慈善法人研究》，博士学位论文，武汉大学，2010年。
② 在俞祖成与邹东升的论文《日本NPO与政府的合作伙伴关系：一个初步研究》（发表于《中国第三部门研究》2012年第2期）中翻译为"协动"，本书将其理解为"协作"，为表述方便，在下文中，除引用原文部分，均表述为"协作"。
③ 转引自俞祖成、邹东升：《日本NPO与政府的合作伙伴关系：一个初步研究》，《中国第三部门研究》2012年第2期。

部门的组织结构，要能够独立开展事业、扩大组织会员数量、增加来自社会的捐款，不完全依赖于政府部门提供的资金，确保自身能够独立自主地开展政策倡导活动。但与此同时，慈善组织的策划活动会得到地方政府的支援，慈善组织开展的事业活动也会得到地方政府的协助和补助。

与公共服务供给单一且滞后的政府部门相比，以处在实践第一线的慈善组织为代表的非营利组织能够不断发现新的社会需求并作出回应；与逐利性为主的企业相比，慈善组织则具有天然的公益性，可以说慈善组织弥补了"市场失灵"和"政府失灵"的不足。在老龄化和少子化问题严重的日本社会，政府和企业都无法或者不愿意提供多样且细致的服务，于是护理非营利组织应运而生，它们从老年人、残疾人的切身需要出发、依靠市民自身力量、以增进社会公益为宗旨，创办了宅老所、团队之家等经营模式。这种小规模、多功能型居家护理模式逐渐被日本政府官方制度化并加以推广。

（二）地方政府主导型协作

在这种协作方式下，地方政府负责明确协作的目的和原则，制定具有明文规则的协作条例和方针指南，还要专门成立相关负责部门以及联通各个政府部门的协调小组，派遣公务员到慈善组织实习和研修，向慈善组织外包或委托相关业务，制定合适的委托费用的算定基准并完善支付方式，彻底公开协作项目的相关信息以及协作伙伴的选择标准与选定程序，允许慈善组织参与到地方政府主导的相关政策的策划、立案与评估等环节。

例如，爱知县在 2004 年制定《爱知县公司合作指南》，规定了政府和市民合作的意义和原则。横滨市制定《横滨市市民活动和公私合作基本方针》，强调政府与非营利组织的合作应该遵循对等、尊重自主性、自立、相互理解、共享目标和信息公开等原则。2006 年，神奈川县县政府就"完善女性职业支援体制"的研究项目向非营利组织公开征集解决措施和计划，并将该公共课题委托给非营利组织实施[①]。横滨市泉区中田的护理非营利组

---

① 沈晓宇：《推力、制度、路径：日本政府与非营利组织合作关系探析》，硕士学位论文，复旦大学，2013 年。

织"互助·泉"主要面向老人和残疾人提供福利服务。1995年5月"互助·泉"开创了独具特色的餐饮配送业务"送餐服务·花儿",为当地独居老人和残疾人等配送营养均衡的午餐和晚餐。但是,由于该项目的主要业务都来自横滨市政府"高龄者配食服务事业"的委托,所以当政府终止委托时,"互助·泉"的送餐服务一度陷入举步维艰的地步①。由此可以看出,在该协作模式下,与慈善组织相比,日本地方政府拥有更多决定权和话语权。

(三)平等意义上的协作

这是一种较为理想化的协作方式,要求慈善组织与地方政府相互交换意见和信息,制定有职责分担、项目实施程序和期限等内容的合同书,签订关于保障双方平等关系的协议书,通过执行委员会或联合主办的方式开展协作项目,在协作项目的制定、实施和评估的过程中各司其职,协作结束后要对"今后是否继续开展类似项目"的问题进行讨论和协商,共同承担风险。

1995年日本阪神大地震的灾害救助做法为政府与慈善组织之间的衔接打开了巨大窗口。2005年内阁府举办了"防灾志愿者活动研讨会",其作为政府与民间对话的场所,吸引了来自全国各地的经验丰富的灾害志愿者、慈善组织人员参会。政府与慈善组织通过每年两次或三次的会议以及邮件方式,反复讨论地震灾害发生时的活动环境发展和设施配备等一系列问题,并将会议研讨产生的结果在内阁府的网站主页公开。研讨会模式的运作使得各级政府部门与慈善组织增进了对彼此的理解、建立了互相信任的关系。在之后所有面对地震灾害的协作过程中,地方政府与慈善组织都能各司其职、高效合作、精准发挥各自的作用。

日本的协作政策为地方政府、慈善组织和当地市民都带来了积极影响。在慈善组织方面,与政府的良好衔接使得慈善组织有效地完成了组织任务,

---

① 俞祖成:《日本福利 NPO 在养老福利供给中的参与研究——以护理 NPO 为代表》,硕士学位论文,西南政法大学,2009 年。

保证了慈善活动的稳定性和持续性，提高了自身的社会信用度和熟悉度，拓展了组织的社会网络。就地方政府而言，与慈善组织的衔接使得政府顺利实现社会救助任务，为有特殊需要的市民提供了多样化、专业化和有针对性的服务，提高了市民对政府的满意度和信任度。

二、日本慈善事业与社会救助衔接的特征

（一）从对立、融合到协作的历史变化

第二次世界大战后初期，日本自民党一党独大，实行"55 年体制"。日本政府坚持"官民对立型公共性"理念，采取严厉的法律特许主义以防止非营利组织的大规模崛起。20 世纪 90 年代以后，"55 年体制"崩溃，日本迎来了经济高速增长期的尾声，社会面临日益严重的少子化和老龄化趋势，政府开展了新自由主义改革。此时，"志愿型公共性"逐渐取代"官民对立型公共性"和"市民运动型公共性"，进一步发展成为"过渡融合型公共性"。在这一阶段，草根市民活动兴起，最关键的是志愿者活动和非营利组织在 1995 年阪神大地震中发挥了不可替代的巨大作用。1998 年 3 月日本政府出台《特定非营利活动促进法》，提出了"能让民间做的事情就让民间做"和"由官到民"的政治口号，并且积极引入包括慈善组织在内的非营利组织参与公共服务的供给。但是，因为日本政府此时并没有将非营利组织纳入政治过程使其成为公共决策的主体之一，更未有意将其培育为承担公共性的主体之一，所以在很大程度上制约了慈善组织"志愿型公共性"功能的发挥，导致日本公共行政的公共性名不副实。

2009 年日本民主党上台后提出"新公共"理念，主张将公共性实践建立在个体自愿的基础上，实现由"灭私奉公""灭公奉私"到"活私开公"的转变，以此拓展出一种能同时兼顾"私"的"公"，即公私兼顾的视角，从私人行为中寻找开拓新公共性的契机。与此相对应，在实践上强调政府与非营利组织基于平等、独立和自治的原则共同实现"公共性"，构建"官民共治型"社会治理模式。在"新公共"理念的指导下，日本政府相继出台了包括"协作政策"在内的一系列"新公共"政策，于 2011 年 6 月顺利

修订非营利组织法并出台了新捐赠税制。因此可以说，日本政府与包括慈善组织在内的非营利组织的衔接实现了从"对立"到"融合"再到"协作"的历史转变。

（二）政府对慈善组织给予全面支持

从 20 世纪 90 年代开始，应广大市民和非营利组织的要求，各地方政府普遍建立非营利组织支援中心，为非营利组织的活动提供全面而周到的服务。非营利组织支援中心的设立需要满足四个条件：第一，主要对团体和组织进行支援；第二，不限定特定领域；第三，有常设事务所；第四，有提供与非营利组织有关的内容咨询的职员。非营利组织支援中心能够提供的协助包括：为慈善组织提供活动场地、信息、租借复印和打印等设备；为市民开设与慈善组织相关的咨询窗口；设立非营利组织资料信息中心供慈善组织和市民免费浏览和查阅等。非营利组织支援中心提供的服务非常周到贴心，只要慈善组织有需要，它们就会想方设法给予协助。

神奈川县民活动支援中心在 1996 年创立初期，为市民和慈善组织提供了多台计算机并收集各种相关资料供其使用。1998 年在网上开设了主页，该支援中心将收集到的所有关于慈善组织的内容咨询向市民公开。此外，非营利组织支援中心也是政府、企业和非营利组织三方合作的重要场所，促进了慈善组织与政府社会救助的有效衔接。

除了由各地方政府设立非营利组织支援中心外，日本政府还在资金方面为慈善组织提供扶持。1989 年日本外务省执行"非营利组织事业补助金制度"和"草根无偿资金援助制度"，针对非营利组织法人设置了"公开募集性补助金制度"和"委托管理事业费"。2011 年内阁府大臣官方调查表明，从地方政府得到补助金和援助金的法人占 28.7%，受地方政府委托开展活动的非营利组织法人占 25.7%，从地方政府获得场所和设施的非营利组织法人占 8.5%[①]。以护理非营利组织为例，过去都是由日本政府来办养老院，导致地方政府财政负担很重，而现在是政府下发护理保险费委托私立养老

---

① 胡澎：《非营利组织在日本社会发展中的作用》，《南开日本研究》2013 年第 1 期。

院对老年人进行照顾。这样一来，私立养老院等护理领域的非营利组织法人数量大大增加。

三、日本慈善事业与社会救助衔接的案例——以灾害救助为例

2011 年 3 月 11 日，日本发生了 9.0 级的东日本大地震。地震引发了火灾、核泄漏和大规模的海啸，导致日本东北地区部分城市遭受了毁灭性破坏。时任日本首相菅直人称这是"日本战后以来的最大危机，也是有史以来的最大危机"。

灾害发生后，日本政府与慈善组织迅速达成共识，合作实施灾害救助。3 月 15 日，内阁总理大臣为慈善组织人员设立了以内阁办公厅为首的地震志愿者协作室，并于 3 月 16 日启动。在这里，志愿者们开展并参与了社区建设、心理救助以及城市重建的工作并发挥了不可替代的重要作用。直至 9 月 16 日，日本政府才将与地震志愿者有关的事务从内阁办公厅转移到东日本大地震复兴对策本部，将灾害救助转为灾后重建。

在动员地震志愿者方面，日本内阁办公厅长官举办新闻发布会，呼吁全体国民积极参与志愿者活动。日本观光厅政府呼吁旅游公司设立将地震志愿者与观光结合起来的旅游，并与慈善组织合作开展具体救助项目。

在发布地震志愿者活动信息方面，日本政府在内阁府官方主页和与内阁办公厅地震志愿者协作室合作的民间网站上，发布接受捐赠的地址、需求、灾区交通状况、志愿者活动旅游信息以及注意事项等方面的最新消息。比如，政府从正在灾害现场活动的慈善组织那里获取了各个避难所需要的物资类型的信息以后，就会根据得到的所有信息进行统筹规划和物资调配，向避难所及时、有效地提供救助物资。

在灾害救助政策的意见反馈方面，日本政府与东日本大地震全国支援网络共同举办了多场联络会，包括现场的 5 次联络会和返回东京后的 6 次，共有全国 600 多家非营利组织参与。政府在联络会上主要听取救灾现场慈善组织的意见。此外，总理辅佐官及协作室官员赶赴灾区，与地方政府、各地的灾害志愿者中心和慈善组织等交换意见，把握最新的救灾情况。最

后，日本政府会把通过上述方式取得的信息和意见向复兴对策本部的灾区支援联络会议等场合提供，目的是在必要时对政府实施的相关政策进行反馈和及时调整。

2011 年发生的这场东日本大地震，使得日本政府和国民从根本上改变了防灾意识，推动了日本慈善组织的发展，进一步完善了灾害救助中的政府与慈善组织的衔接机制。

四、日本慈善事业与社会救助衔接的经验

（一）政府与慈善组织作为平等主体、以协作方式开展社会救助

协作政策强调合作关系中双方主体的平等性，合作的基础在于协作双方有共同目标、各司其职、分担责任。政府与慈善组织都是社会救助服务的提供者，应该以平等关系开展合作，二者只存在资源或专业方面的差异，不存在地位或权力方面的不平等。

虽然日本地方政府早就开始与慈善组织合作为市民提供社会救助服务，但是合作项目的发起者往往是政府。政府对慈善组织的补助、支援以及通过行政委托的方式为慈善组织带来了资源，但是这些方式很可能导致政府在与慈善组织合作的过程中处于优势地位、掌握更多话语权，因此具有削弱慈善组织独立性的潜在风险。于是，为了调动慈善组织的积极性，拓宽二者进行有效协作的领域，日本地方政府纷纷建立起合作事业提案制度，即政府赋予非营利组织提案的权力，大大提升了非营利组织和市民向地方政府提供协作议案的积极性。最有代表性的议案往往是与社会救助有关的慈善事业，包括地区防灾支援事业、儿童安全事业、环保事业以及残疾人支援等社会福利事业。除了合作事业提案制度之外，日本地方政府为了加深公务员对慈善组织提供社会救助服务的理解，还会专门组织对公务员的培训。上述一系列做法极大地促进了政府与慈善组织的平等对话与协作工作的展开，长崎市政府与非营利组织的协作项目较前一年相比增加了 10 倍以上[①]。

---

① 沈晓宇：《推力、制度、路径：日本政府与非营利组织合作关系探析》，硕士学位论文，复旦大学，2013 年。

（二）与慈善事业有关的立法全面且细致

从日本与慈善组织有关立法的历史变迁来看，日本经历了立法"碎片化"向立法整合化的历史转变，而且这种立法整合的工作目前仍在进行中。就日本与慈善组织有关的立法内容来看，1998 年施行的《特定非营利活动促进法》详细规定了慈善组织、慈善活动及其税收优惠等问题，弥补了过去分散立法模式的不足，使日本慈善立法模式开始走向综合立法模式。日本的慈善立法一个明显特点是体现了尊重和培育非营利组织的理念。

日本慈善立法的另一个明显特点是法律内容规定细致，具有很强的可操作性。在《特定非营利活动促进法》的基础上，关于慈善组织的类型认定的专门立法包括：《关于一般社团法人以及一般财团法人法》《关于公益社团法人以及公益财团法人认定法》《通商产业大臣管辖的公益法人的设立及有关完善法》等，对不同慈善法人的成立、运作等进行了较为详细的规定；在慈善组织的税收方面，《一般法人法》《公益法人法》以及《特定非营利活动促进法》均对慈善相关的税收作了原则性规定，具体的优惠力度则根据《法人税法》《消费税法》《所得税法》以及《消费税法》等法律中的具体规定来确定。

五、日本慈善事业与社会救助衔接的教训

（一）政府对慈善事业的资金支持不足

作为官民协作的方式之一，日本地方政府会将慈善相关事务外包或委托给慈善组织负责实施。然而人工费偏低，加上地方政府向慈善组织支付的委托费几乎不包括相关间接经费，如为准备实施项目而产生的管理费、维系组织运作的日常性办公经费等，从而导致受委托方也就是慈善组织往往成为地方政府的"廉价承办方"，导致协作政策流于形式并威胁慈善组织的独立性和自主性。不过，为此，日本学界和实务界的相关人士正在陆续向政府相关部门提出"制定恰当的委托费用的算定基准"的要求。

（二）政府与慈善组织的"从属关系"现象仍然存在

明治维新以来，日本迈向了现代化建设阶段。但是在此时期，日本政

府仍然扮演着履行社会治理职能的主要角色。虽然第二次世界大战后日本曾努力地推行地方自治制度并为此实施了几次大规模的地方分权运动，但是由于"官僚主导主义"等根深蒂固的传统政治文化的束缚，这种以中央集权为制度前提的地方分权并未产生理想的制度效果。所以，这种以中央与地方之间的"上下级关系"和"从属关系"为基本特征的"垂直型分权"制度，对自诩为"地方自治体"的日本地方政府所实施的协作政策产生了难以避免的消极影响。由于地方政府并没有实现完全的地方自治，它与中央政府之间实质上依然是从属关系，所以在地方政府与以慈善组织为代表的非营利组织的协作过程中，地方政府便不可避免地将这种"上下级关系"应用到非营利组织身上。在这种协作关系中，慈善组织很难获得发言权，通常只能对政府唯命是从，从而威胁到慈善组织自身的独立性、自主性和创新性。

从经验角度来看，英国强调政府与慈善组织间角色功能的合理定位、政府对慈善组织的支持政策持续制度化，以及设立独立的国家监督机构对慈善组织进行监管。美国首先强调政府与慈善组织的作用互补以及合作伙伴关系，其次重视完善促进二者衔接的法律保障体系。日本则强调政府与慈善组织作为平等主体、以协作方式开展社会救助，此外还重视相关立法，日本与慈善事业有关的立法全面且细致。

从教训角度来看，英国慈善组织过度依赖政府资金支持，二者的合作协议在实践中没能完全落地。美国政府的过多干预也使得美国慈善组织的独立性一定程度上受损，而且美国政府与慈善组织之间的衔接缺乏明确的制度安排，对彼此的认识程度有待提高。日本的教训则是政府对慈善事业的资金支持不足，而且多数地方政府与慈善组织仍然是从属关系，慈善组织的独立性和自主性作用发挥受阻。

综观上述三个国家在慈善事业与社会救助衔接中的实践，既存在共性，也存在不同。共性表现为：政府购买服务是各国通行的做法；各国都主张慈善组织与政府形成平等的合作伙伴关系；各国在对慈善事业进行支持的同时，注重其独立性，结果慈善组织的独立性却常常受到影响。不同的方面也很明显：有国家针对慈善事业进行了专门立法，有国家则是分散立法；有国家就慈善事业与社会救助衔接出台了专门法律法规，有国家则根据实践采取不同策略等。通过对三个国家实践的梳理，至少可以得出两点启示：第一，慈善事业与社会救助之间如何衔接，首先应该根据不同国家的不同基础、不同需求，因地制宜。第二，扬长避短，吸取其他国家的经验教训，以推进我国慈善事业与社会救助之间的衔接。

附录 II
访谈提纲

访谈提纲 1（访谈对象为民政部门工作人员）

1. 请简要介绍当地的社会救助情况（包括救助力度、救助领域、救助模式、救助机制以及地方在救助领域的政策文件等）。

2. 本地在社会救助方面有哪些创新或者特色？

3. 请简要介绍本地慈善事业（组织）的发展状况及活动领域（着重于救助领域的慈善组织介绍）。

4. 慈善组织参与政府救助的基本情况如何（如资金比例、活跃程度、政策法规等方面）。

5. 慈善组织如何参与到政府救助中来？提供救助资金、救助服务还是其他？通常的做法有哪些？

6. 慈善组织参与政府救助仅限于实践，还是已经上升到地方法规或政策文件？

7. 政府与慈善组织在救助领域如何沟通协调？存在相关部门或者机构吗？

8. 根据本地情况，您认为政府救助与慈善组织救助各自存在什么问题？二者的合作中又暴露出哪些问题？

9. 依据本地情况，您认为慈善组织应该如何进一步参与到政府救助中

来?（从参与方式、二者互动机制等方面）

10.请您提供本地在救助领域较为活跃的1—2家慈善组织基本情况。（方便开展对慈善组织的调研）

感谢您的配合!

访谈提纲 2（访谈对象为慈善组织负责人）

1.请您简要介绍贵组织的基本情况。（包括组织性质、创立时间、规模、资金来源、注册情况、主要业务领域、内部治理结构、项目运行机制等）

2.贵组织何时开始开展社会救助? 主要针对哪类人群或者领域（救助对象）?

3.贵组织通常如何开展救助活动（包括如何寻找救助对象、如何筹集救助资金、如何开展救助过程、如何评估救助效果等）?

4.贵组织开展救助是独立行动，还是与政府或其他组织合作? 如果存在与政府合作，通常如何开展合作? 请您举例说明。

5.您认为，与政府合作开展救助的必要性在哪里?

6.贵组织与政府在救助合作中通常采取什么形式? 签订协议或者合同吗? 二者合作依据什么规则（规定）开展?

7.依据贵组织情况，在与政府合作（配合）开展救助活动的过程中，遇到哪些问题或者存在哪些困扰? 这些问题是如何解决的? 您认为应该如何解决?

8.依据本地情况，您认为慈善组织应该如何进一步参与到政府救助中来?（从参与方式、二者互动机制等方面）

感谢您的配合!

后 记

作为国家社会科学基金青年项目的结项成果，本书从下笔至完稿已有六七年的时间，自己也从青年跨入了中年，借此书稿完成之际，回顾并总结此间历程。

实际上，该项目缘起我博士后期间的科研项目，我的导师王名教授、同门李勇、汪伟楠、李长文等都曾为此贡献了诸多学术思想与智慧。尤其感谢我的导师王名教授，春风化雨、提携帮助、谆谆教诲，一生受用。

从研究报告到书稿，本书的写作历经波折，受到了多位师友的鼎力相助。其中包括但不限于，邓国胜教授对初稿的通篇审阅及诚挚的修改建议；李迎生教授在写作过程中的鼓励；孔祥利教授对全文结构观点的梳理以及热情专业的修改意见；杨义凤副教授在文字初稿上的大力支持；赵小平副教授在案例资料上的倾力相助；以及褚湜婧研究员在数据资料上的分享……既让我体会到了大家的专业素养，也感受到了雪中送炭的情谊。

还有我可爱的学生们，包括齐欣、乔莉莉、高倩、陈宏辉、邹春妮等，感谢他们为本书付出的时间和精力。

感谢我亲爱的家人。项目初立时，我的女儿还在襁褓之中，如今已是小学生，还有我的儿子，他们的成长带给我的成就感是我工作的动力；必须强调的是，我的先生与父母一直以来对我的鼓励、陪伴与包容，是我生活中如此寻常又弥足珍贵的，感恩且珍惜。

感谢书中所有涉及的朋友，无论是案例中的角色，还是访谈对象，没有你们的精彩实践以及热情相助，本书的研究将难以展开。

本书的写作与出版均得益于国家社会科学基金青年项目"慈善事业与社会救助的衔接模式与推进策略研究"（项目号：15CSH078）项目资金的支持，本书的出版同时得到了我的工作单位——首都师范大学政法学院及各位领导的支持，对此不胜感谢。

在本书即将付梓之际，也要感谢本书的责任编辑，也是我的师姐曹利女士。感谢她对本书的关注，她在出版过程中的"有问必答"，以及在编辑工作中的辛苦工作和专业意见，使本书增色不少。

为学为师，求实求新；教研之路，道阻且长。而今迈步继续越，希望能够百尺竿头，更进一步。

乜 琪

2023 年 3 月

责任编辑：陈晓燕　曹　利

图书在版编目（CIP）数据

慈善事业与社会救助的衔接模式及推进策略研究 / 乜琪著 . —北京：人民出
版社，2024.6

ISBN 978-7-01-026561-2

Ⅰ.①慈…　Ⅱ.①乜…　Ⅲ.①慈善事业—关系—社会救济—研究—中国
Ⅳ.① D632.1

中国国家版本馆 CIP 数据核字（2024）第 097194 号

慈善事业与社会救助的衔接模式及推进策略研究

CISHAN SHIYE YU SHEHUI JIUZHU DE XIANJIE MOSHI JI TUIJIN CELÜE YANJIU

乜　琪　著

人民出版社出版发行

（100706　北京市东城区隆福寺街 99 号）

北京汇林印务有限公司印刷　新华书店经销

2024 年 6 月第 1 版　2024 年 6 月北京第 1 次印刷

开本：710 毫米 ×1000 毫米 1/16　印张：11.25

字数：200 千字

ISBN 978-7-01-026561-2　定价：45.00 元

邮购地址 100706　北京市东城区隆福寺街 99 号

人民东方图书销售中心　电话（010）65250042　65289539

版权所有·侵权必究

凡购买本社图书，如有印制质量问题，我社负责调换。

服务电话：（010）65250042